Pido la palabra

1er. nivel

3152601

Centro de Enseñanza para Extranjeros

Pido la palabra

1er. nivel

Erika Ehnis Duhne
Elin Emilsson
Ma. Teresa Montoya
Rosalía del Río

Universidad Nacional Autónoma de México
2004

Primera edición: 1988

Segunda edición: 1989

Tercera edición: 1991

Cuarta edición: 1992

Quinta edición: 1993

Sexta edición (corregida): 1997

Edición (corregida): 1998

1a. reimpresión: 1999

2a. reimpresión: 2001

3a. reimpresión: 2002

4a. Reimpresión: 2004

DR. © 1998 Universidad Nacional Autónoma de México
Cd. Universitaria, 04510 México, D.F.
Centro de Enseñanza para Extranjeros
Impreso y hecho en México
Printed and made in Mexico

ISBN 968-36-5129-1

Presentación

Después de 80 años de vida, la misión del Centro de Enseñanza para Extranjeros —"Universalizar el conocimiento sobre la lengua española y la cultura mexicana, proyectando la presencia de la UNAM en el contexto internacional"— sigue siendo vigente, y no sólo eso, sino que ha proyectado al Centro como líder en la enseñanza del español en América.

Una muestra de este liderazgo, es el Examen de Posesión de la Lengua Española (EPLE) que es un instrumento para determinar el nivel de dominio de lengua de un aprendiente de español, independientemente de la forma en que éste lo haya adquirido. Actualmente, la Universidad Nacional Autónoma de México, a través del Centro de Enseñanza para Extranjeros y sus sedes, es la instancia que aplica este examen en la ciudad de México, en Estados Unidos y Canadá, y expide certificados oficiales del dominio del español. Asimismo, este examen, mediante un convenio de la propia Universidad con la Secretaría de Relaciones Exteriores, se aplicará próximamente en todas las embajadas y consulados mexicanos en el exterior.

La serie, *Pido la palabra*, concebida para la enseñanza de la lengua en situación de inmersión, junto con la serie *¡Estoy listo!*, pensada para enseñar español en países no hispanohablantes, ambas elaboradas por maestros especialistas de este Centro, son dos muestras más de este liderazgo. Actualmente, más de 130 instituciones en el mundo las utilizan.

A través de estas líneas, quiero hacer un reconocimiento a aquellos directores que me antecedieron y gracias a quienes esta serie *Pido la palabra* se desarrolló y publicó, me refiero, por supuesto, a la maestra Sara Martínez, al doctor José Moreno de Alba y al maestro Ricardo Ancira; asimismo, no puedo dejar de reconocer a todos los maestros del Centro, en sus cuatro sedes, que trabajaron intensamente para hacer esta serie posible y a aquellos que hoy continúan actualizándola. No puedo dejar de mencionar, que desde 1980, esta serie ha sido compañera y apoyo de todos los maestros de español del CEPE, la EPESA, el CEPE-Taxco y la ESECA. También, aprovecho para agradecer al Departamento de Actividades Culturales y Publicaciones que siempre estuvo atento al proceso de diseño de estas nuevas portadas que hoy nos acompañan.

Hoy me es muy grato presentar esta serie *Pido la palabra* con una nueva imagen que evocará en los estudiantes el paisaje urbano en el que fue desarrollada, que no es otra cosa que la manifestación arquitectónica de la cultura en la que estarán inmersos durante su proceso de aprendizaje.

Guillermo Pulido González
Director General
Centro de Enseñanza para Extranjeros - UNAM
Ciudad Universitaria, Distrito Federal, mayo de 2001

Presentación

Pido la palabra es una serie de cinco libros de apoyo a la enseñanza del español a estudiantes no-hispanohablantes. Este material didáctico ha sido elaborado por profesores del Centro de Enseñanza para Extranjeros (CEPE) de la Universidad Nacional Autónoma de México (UNAM), con base en su experiencia docente, en el análisis de necesidades de los alumnos y en las aportaciones de la lingüística aplicada a la enseñanza de una segunda lengua.

Para cada uno de los niveles —que van del I al V—, se han elaborado series de unidades, concebidas como módulos hasta cierto punto intercambiables, con objeto de permitir que maestro y alumno, en el aula, puedan intervenir en la selección y la repartición de los contenidos de enseñanza y en las estrategias de aproximación a estos objetivos.

Esta flexibilidad nos ha hecho concebir combinaciones de unidades situacionales con unidades funcionales. El requisito ha sido que, de una manera u otra, el alumno practique las cuatro destrezas lingüísticas, y que sea capaz de inducir la estructura y la función de algunas formas gramaticales relevantes en los documentos. Cada unidad incluye cuadros cuando es pertinente sistematizar algún aspecto lingüístico, y para ello se retoman enunciados contextualizados extraídos de los documentos trabajados.

Los materiales para participantes incluyen esencialmente unidades que parten de situaciones y de funciones. En el nivel intermedio, en el material se crearon situaciones a partir de temas socio-culturales específicos. Para los niveles avanzados, el elemento central es el discurso.

Pido la palabra es el resultado de un trabajo de equipo y responde a un requerimiento de material didáctico, evidente no sólo en el CEPE sino en diversas instituciones dedicadas a la enseñanza del español como segunda lengua. La publicación de este libro de nivel I es el primer paso de un proyecto ambicioso que responde a necesidades concretas de material didáctico de español, con un enfoque comunicativo pero sin hacer abstracción de las estructuras de la lengua.

Maestro Ricardo Ancira González
Centro de Enseñanza para Extranjeros
UNAM

Introducción

El texto que tiene entre sus manos es el primero de cinco, con el cual inicia la serie *Pido la palabra*. Dicha serie fue elaborada para apoyar la enseñanza del español como segunda lengua.

Pido la palabra I, en esta nueva edición corregida y actualizada, representa la versión revisada y aumentada del material didáctico publicado en 1988. Desde su aparición, el texto se ha empleado en los cursos de nivel I del CEPE, así como en otras instituciones. Los comentarios y sugerencias de alumnos y profesores fueron tomados en cuenta para esta nueva edición.

Se procuró, en primer lugar, mantener una consistencia metodológica, aunque con cierto grado de eclectismo, y se buscó, en lo posible, reflejar los principios metodológicos subyacentes.

En segundo lugar, se integraron nuevas ideas sobre la enseñanza de idiomas, para tratar de satisfacer de manera más fiel las necesidades de los alumnos. Se modificaron aquellos puntos detectados como mal expuestos e imprecisos (algunas explicaciones gramaticales, instrucciones o información sociolingüística, entre otros). Finalmente, se realzaron aquellos aspectos que aparecen como originales e interesantes, por ejemplo, hacer hincapié en el español de México y en algunos aspectos culturales.

Objetivo

El material didáctico *Pido la palabra I* tiene como objetivo principal proporcionar aspectos lingüísticos y comunicativos a los alumnos principiantes en el estudio del español como segunda lengua, para que puedan interactuar en diferentes situaciones de la vida cotidiana.

Bases metodológicas

En *Pido la palabra I*, se siguen los lineamientos del enfoque comunicativo, ya que se destaca en la adquisición y aprendizaje de la lengua en uso, cuyas características son las siguientes:

a) En los diálogos, se intenta recrear un contexto sociolingüístico natural, en el cual lo que se dice es relevante.

b) Los personajes reflejan distintas relaciones entre los interlocutores: amigos, conocidos, familiares, novios, etc.

c) El material de lectura, con algunas excepciones, es auténtico.

d) El nivel de lengua de los diálogos no está completamente controlado, con el objeto de exponer al alumno al lenguaje cotidiano en diferentes situaciones.

e) Se conduce al alumno hacia el desarrollo de estrategias y del aprendizaje inductivo, proporcionándole en las tareas receptivas, datos lingüísticos con la finalidad de que pueda, más tarde, llegar a la conceptualización de los mismos.

f) Los ejercicios de comprensión auditiva están diseñados para fomentar el desarrollo de estrategias. No se evalúa la comprensión total, sino la mejor comprensión de la conversación.

g) Los ejercicios de interacción, sobre todo los semicontrolados o libres, permiten que el alumno explote al máximo lo que sabe en situaciones nuevas y vaya descubriendo lo que le hace falta.

h) Se hace hincapié en la producción oral, sin que sea el objetivo último.

Descripción del material

El material está conformado por un libro y dos audiocasetes. El texto está dividido en trece unidades y contiene los siguientes apéndices:

a) materiales complementarios;

b) pronunciación, y

c) verbos.

Los audiocasetes son indispensables dada la naturaleza del enfoque.

Estructura

Este material está diseñado para cubrirse en cursos intensivos de sesenta horas: dos horas diarias, por seis semanas.

Es conveniente recomendar al alumno que trabaje, por lo menos, una hora adicional por cada hora de clase.

Al inicio de cada lección se presenta una sinopsis de los contenidos esenciales en términos de:

- Contenido temático.

- Objetivos de comunicación.

- Contenidos lingüísticos (los cuales incluyen el vocabulario).

El *contenido temático* pretende ubicar al alumno en situaciones que pueden ser relevantes para sus vivencias.

Los *objetivos de comunicación* resumen las unidades de acción verbal, que aparecen en la lección como nuevas o como versiones más complejas. Por ejemplo, en la primera unidad se presenta la función de lengua "invitar", y ésta aparece también en la tercera unidad, pero ahora se profundiza más al presentar diversos contextos de invitación.

Los *contenidos lingüísticos* son elementos del sistema de la lengua indispensables para realizar la intención comunicativa. En este curso, se cubren aspectos esenciales del sistema verbal del español en el modo indicativo y algunas modalidades expresadas a través de perífrasis verbales.

Además, se capacita al estudiante para producir oraciones simples, reconocer oraciones compuestas y, en menor medida, producirlas.

Todas las unidades tienen una serie de ejercicios de comprensión auditiva que se basan en los diálogos iniciales. Estos diálogos constituyen el eje a través del cual gira la unidad. Los diálogos contienen ejemplos de las funciones y de los contenidos nuevos.

En cada lección se presentan pantallas de funciones comunicativas y de aspectos lingüísticos, acompañadas de sus respectivos ejercicios de práctica.

Los demás componentes de cada unidad pueden variar, incluso en extensión y en tiempo.

La unidad trece sirve de repaso para todos los puntos centrales del libro y, además, se presentan algunos rasgos culturales adicionales. Se puede dosificar a lo largo del curso, dejarse de tarea o trabajarse individualmente.

Las habilidades de la comprensión auditiva y la de expresión oral son las más importantes en este nivel. Sin embargo, también se presentan al alumno, ejercicios de comprensión de lectura y de expresión escrita, acordes con la situación.

Esperamos que este material didáctico le sea de utilidad y nos ponemos a sus órdenes para conocer sus comentarios y sugerencias en este Centro.

Las autoras
Centro de Enseñanza para Extranjeros
UNAM

Contenido

Contenido temático
Una joven extranjera llega a la ciudad de México

Objetivo de comunicación
Presentar/presentarse
Recibir a alguien en tu casa
Invitar
Agradecer
Saludar

Contenido lingüístico
Verbo ser
El sustantivo (género y número)
El adjetivo calificativo (género y número)
Verbos regulares en presente de indicativo

Vocabulario
Profesiones
Nacionalidades
Religiones
Estado civil
Números
Días de la semana
Meses del año
Estaciones del año

Contenido temático
Una joven extranjera en México

Objetivo de comunicación

Presentarse
Presentar ...
Pedir/dar información
Aceptar/rechazar
Invitar
Ofrecer ayuda
Pedir/aclarar

Contenido lingüístico

Verbo estar (localización, estado de ánimo)
Verbos regulares en presente de indicativo (estudiar, comer, vivir)
Verbos irregulares en presente de indicativo (estar, conocer, querer, poder, tener)
Poder + infinitivo
Querer + infinitivo

Vocabulario

Compañeros de clase
Nacionalidades
Profesiones
Tiempo de estar en México
Actividades

Contenido temático

Una llamada telefónica
Actividades durante el tiempo libre

Objetivo de comunicación

Invitar
Aceptar/rechazar una invitación
Agradecer
Disculparse
Acordar una cita
Pedir/dar información (hora)

Contenido lingüístico

Oraciones interrogativas y negativas
Verbo ser (hora, cualidad permanente)
Verbo estar (posición, estado o condición, expresar opinión)
Algunos verbos irregulares (tener, jugar, ir, venir)

Vocabulario

La hora
Los espectáculos

Vocabulario
Actividades y lugares cotidianos

Contenido temático
Recuerdos de familia

Objetivo de comunicación
En el pasado:
  expresar acciones acabadas
  expresar una secuencia de acciones acabadas
  expresar acciones habituales
  describir personas
  expresar acciones simultáneas
Disculparse

Contenido lingüístico
Pretérito y copretérito

Vocabulario
La familia

Contenido temático
Planes de viaje
Recorridos turísticos

Objetivo de comunicación
Pedir/dar información sobre planes
Expresar intención
Expresar deseo
Expresar agrado/desagrado
Ofrecer servicios
Pedir/dar información turística

Contenido lingüístico
Objeto indirecto y sus pronombres

Vocabulario
Lugares
Equipo
Medios de transporte

Simbología

Comprensión auditiva

Expresión oral

Comprensión de lectura

Expresión escrita

 Sistematización

1

Una joven
extranjera en México

Contenido temático
Una joven extranjera llega a la ciudad de México •

Objetivo de comunicación
Presentar/presentarse •
Recibir a alguien en tu casa•
Invitar •
Agradecer •
Saludar •

Contenido lingüístico
Verbo ser •
El sustantivo (género y número) •
El adjetivo calificativo (género y número) •
Verbos regulares en presente de indicativo •

Vocabulario
Profesiones
Nacionalidades
Religiones
Estado civil
Números
Días de la semana
Meses del año
Estaciones del año

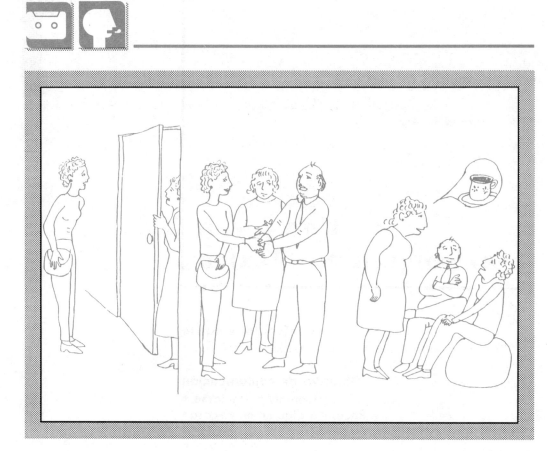

1. Escucha el diálogo y marca con una paloma (✔) la opción correcta.

1. Sophie Fraser es
( ) hermana de Julieta.
( ) amiga de Julieta.
( ) maestra de Julieta.

2. Sophie Fraser es de
( ) Francia.
( ) México.
( ) la ciudad de México.

3. La señora Treviño es
( ) una amiga de Julieta.
( ) la mamá de Sophie.
( ) la mamá de Julieta.

4. Manuel es
( ) un amigo de Sophie.
( ) papá de Julieta.
( ) papá de Mari Carmen.

5. Mari Carmen y Manuel son
( ) los padres de Sophie.
( ) los padres de Julieta.
( ) amigos de la familia Treviño.

2. Lee el siguiente diálogo.

Sophie Fraser toca la puerta de la familia Treviño, en la ciudad de México. La señora Treviño abre la puerta.

Sophie:	—Buenos días. ¿Es usted la señora Treviño?
Señora T.:	—Sí, soy yo.
Sophie:	—Soy Sophie Fraser. Soy amiga de su hija Julieta.
Señora T.:	—¡Ah! Mucho gusto. Julieta habla mucho de ti. Soy Mari Carmen Treviño.
Sophie:	—Mucho gusto, señora.
Señora T.:	—Pasa, por favor. Él es mi esposo. Manuel, ella es Sophie Fraser.
Señor T.:	—Mucho gusto, señorita.
Sophie:	—Mucho gusto, señor.
Señora T.:	—¿Quieres tomar algo? ¿Un café...?
Sophie:	—Sí, gracias. Es usted muy amable.
Señor T.:	—¿Eres de París?
Sophie:	—Sí señor.

a) Contesta las siguientes preguntas.

1. ¿Quién es Sophie Fraser?

_____

2. ¿De dónde es Sophie?

_____

3. ¿A quién visita en la ciudad de México?

_____

4. ¿Quién es la señora Treviño?

_____

5. ¿Quién es Manuel?

_____

6. ¿Quién es Julieta?

_____

7. ¿Dónde crees que se conocieron Sophie y Julieta?

_____

b) Completa con el verbo en presente.

Sophie _____ la puerta de la familia Treviño en la ciudad de México.
     tocar

La señora Treviño _____ la puerta. Sophie _____ a Mari Carmen Treviño.
         abrir   saludar

Mari Carmen_____ a Sophie amablemente. Ellas _____. Mari Carmen
        recibir   presentarse

_____ a su esposo Manuel. Los papás de Julieta _____ muy amables con
  presentar   ser

Sophie.

c) Llena la ficha con tus datos personales.

CENTRO DE ENSEÑANZA PARA EXTRANJEROS
UNIVERSIDAD NACIONAL AUTÓNOMA DE MÉXICO
SOLICITUD DE INSCRIPCIÓN

FOTO

APELLIDO PATERNO   APELLIDO MATERNO   NOMBRE (S)

NACIONALIDAD   SEXO   FECHA DE NACIMIENTO

DIRECCIÓN EN EL D.F.

DIRECCIÓN DE PROCEDENCIA

ESTUDIOS PREVIOS (Ocupación)

DIRECCIÓN PARA ENVÍO DE CERTIFICADO DE ESTUDIO

CURSO _____   TELÉFONO _____

_____   _____
   FIRMA DEL ESTUDIANTE   FECHA

d) Completa tu pasaporte.

NOMBRE Y APELLIDOS PATERNO Y MATERNO DEL TITULAR

FILIACION DEL TITULAR:

ESTATURA: _____

COLOR: _____

OJOS: _____

PELO: _____

SEÑAS PARTICULARES:

LUGAR DE NACIMIENTO: _____

FECHA DE NACIMIENTO: _____

OCUPACION: _____

ESTADO CIVIL: _____

EXPIRA EL:
EXPIRES ON:
EXPIRE LE: _____
A MENOS QUE SEA REFRENDADO.
UNLESS RENEWED.
AU MOINS QU'IL SOIT PROROGE.

EXPEDIDO EL:
ISSUED ON:
DELIVRE LE: _____

PASAPORTE
NUMERO: _____

ESTE PASAPORTE ES VALIDO PARA TODOS LOS PAISES.
THIS PASSPORT IS VALID FOR ALL COUNTRIES.
CE PASSEPORT EST VALABLE POUR TOUS PAYS.

MEXICO

Impresión dactilar
del pulgar derecho

FIRMA DEL TITULAR

ESTE PASAPORTE NO ES VALIDO SI CARECE DE FIRMA
O IMPRESION DACTILAR.
THIS PASSPORT IS NOT VALID IF IT LACKS SIGNATURE
OR FINGER PRINT.
CE PASSEPORT N'EST PAS VALABLE S'IL N'Y A PAS DE
SIGNATURE OU D'IMPRESION DIGITALE.

3

e) Escribe la respuesta a cada pregunta.

f) ¿Conoces a tus compañeros de clase?

Lee los siguientes diálogos sobre presentaciones. Sustituye y practica con tus compañeros.

Diálogo A

Jeannette:	–Buenos días, me llamo <u>Jeannette</u>.
Carlos:	–Buenos días, yo soy <u>Carlos</u>.
Jeannette:	–Mucho gusto, <u>Carlos</u>. ¿De dónde eres?
Carlos:	–Soy de <u>Brasil</u>, ¿y tú?
Jeannette:	–Yo soy de <u>Inglaterra</u>.

Diálogo B

Antonio:	–Buenas tardes, yo soy <u>Antonio</u>. Y tú, ¿cómo te llamas?
Stephanie:	–<u>Stephanie</u>.
Antonio:	–Mucho gusto. ¿De dónde eres?
Stephanie:	–Soy de <u>Canadá</u>.
Antonio:	–<u>Stephanie</u>, te presento a mi amigo <u>Luis</u>.
Stephanie:	–Mucho gusto.

Estudia.

El verbo SER se usa para:

– Identificar personas, animales, cosas y lugares.

¿Quién eres tú? ¿Quién es usted?

(Yo) soy Sophie Fraser.
(Yo) soy Julieta Treviño.

¿Qué es eso?

Es una taza.
Es un insecto.

¿Qué son?

Son unos libros de español.
Son relojes.
Son elefantes.

– Referirse a profesión u oficio, nacionalidad, lugar de origen, religión y estado civil.

Julieta es dentista.
Luis es mecánico.
Mari Carmen es de México, es mexicana.
Los Treviño son católicos.
Manuel es casado.

Género y número de los nombres (sustantivos)

Masculinos: Terminan en vocal <u>o</u> excepto <u>la mano</u>.

el libro	el perro *Dog*	el niño *boy*	el teatro *theatre*
el gato *Cat*	el carro *car*	el pueblo *village*	el teléfono *phone*
el río *river*	el cuerpo *Body*	el cuadro *Painting*	el cuaderno *note book*

Femeninos: Terminan en vocal <u>a</u>.

la casa *house*	la mesa *table*	la lámpara *lamp*	la biblioteca *library*
la pluma *Pen*	la ventana *window*	la goma *eraser*	la gota *drop*
la silla *chair*	la puerta *door*	la escuela *school*	la niña *girl*

Plural: Terminan en vocal y se añade <u>s</u>.

la mano ——— las manos		la llave ——— las llaves	
el gato ——— los gatos		la clase ——— las clases	
la mesa ——— las mesas		el coche ——— los coches	

Plural; Terminan en consonante y se añade <u>es</u>.

el papel	——————	los papeles	el país	—————— los países
la pared	——————	las paredes	el doctor	—————— los doctores
el señor	——————	los señores	el joven	—————— los jóvenes
la actividad	——————	las actividades	la capital	—————— las capitales
la ciudad	——————	las ciudades	el reloj	—————— los relojes

Los adjetivos

La concordancia (género y número)	
Con un sustantivo masculino	sustantivo + adjetivo masculino
Singular	papel blanco
Plural	papeles blancos

Con un sustantivo femenino	sustantivo + adjetivo femenino
Singular	niña bonita
Plural	niñas bonitas

Con dos o más sustantivos	sustantivos + adjetivo plural
Masculinos	Luis y Pedro son simpáticos.
Femeninos	Julieta y Sofía son simpáticas.

Con dos o más sustantivos	sustantivos + adjetivo plural
Masculino + femenino	Mari Carmen y Manuel son altos.
Femeninos	Pati, Laura y María son altas.

Sustantivos + adjetivo plural
Historia y Geografía americanas

El verbo ser es un verbo irregular y se conjuga así:

1a. persona del singular	yo soy
2a. persona del singular	tú eres/usted es
3a. persona del singular	él es / ella es
1a. persona del plural	nosotros somos
2a. persona del plural	ustedes son
3a. persona del plural	ellos son / ellas son

Verbos regulares que aparecen en esta unidad

	Entrar	Llamar (se)	Presentar	Vivir	Abrir
yo	entro	me llamo	presento	vivo	abro
tú	entras	te llamas	presentas	vives	abres
él, ella	entra	se llama	presenta	vive	abre
nosotros	entramos	nos llamamos	presentamos	vivimos	abrimos
ustedes	entran	se llaman	presentan	viven	abren
ellos	entran	se llaman	presentan	viven	abren

	Invitar	Recibir	Saludar	Tocar
yo	invito	recibo	saludo	toco
tú	invitas	recibes	saludas	tocas
él, ella	invita	recibe	saluda	toca
nosotros	invitamos	recibimos	saludamos	tocamos
ustedes	invitan	reciben	saludan	tocan
ellos	invitan	reciben	saludan	tocan

Formal: usted (Ud.)

¿Cómo se llama?
Me llamo Gudrun Haupt.

¿De dónde es?
Soy de Alemania.
Soy alemana.

Informal: tú

¿Cómo te llamas?
Me llamo Gudrun Haupt.

¿De dónde eres?
Soy de Alemania.
Soy alemana.

Vocabulario

Profesiones

profesor	-a-es-as
médico	-a-s-as
abogado	-a-os-as
ingeniero	-a-os-as
periodista	-s
psicólogo	-a-os-as
psiquiatra	-s
químico	-a-os-as

doctor *lawyer* *engin* *journalist* *science*

Oficios

carpintero	-s
cocinero	-a-os-as
electricista	-s
mecánico	-a-os-as
mesero	-a-os-as
plomero	-s

Chef *Restaurant* *Plumber*

Estado civil

casado	-a-os-as
divorciado	-a-os-as
soltero	-a-os-as
viudo	-a-os-as

widow

Nacionalidades

alemán	-a-es-as		inglés	-a-es-as
argentino	-a-os-as		italiano	-a-os-as
brasileño	-a-os-as		mexicano	-a-os-as
canadiense	-s		polaco	-a-os-as
colombiano	-a-os-as		sueco	-a-os-as
coreano	-a-os-as		suizo	-a-os-as
danés	-a-es-as		venezolano	-a-os-as
francés	-a-es-as			
japonés	-a-es-as			

Religión

católico	-a-os-as
budista	-s
evangelista	-s
judío	-a-os-as
musulmán	-a-es-as
protestante	-s

Los números

1	uno	11	once	21	veintiuno
2	dos	12	doce	22	veintidós
3	tres	13	trece	23	veintitrés
4	cuatro	14	catorce	24	veinticuatro
5	cinco	15	quince	25	veinticinco
6	seis	16	dieciséis	26	veintiséis
7	siete	17	diecisiete	27	veintisiete
8	ocho	18	dieciocho	28	veintiocho
9	nueve	19	diecinueve	29	veintinueve
10	diez	20	veinte	30	treinta

31	treinta y uno	50	cincuenta
32	treinta y dos	60	sesenta
33	treinta y tres	70	setenta
34	treinta y cuatro	80	ochenta
35	treinta y cinco	90	noventa
36	treinta y seis	100	cien
37	treinta y siete		
38	treinta y ocho		
39	treinta y nueve		
40	cuarenta		

101	ciento uno
102	ciento dos
130	ciento treinta
199	ciento noventa y nueve

200 (2 x 100 = dos + cientos)

300	trescientos
400	cuatrocientos
500	quinientos
600	seiscientos
700	setecientos
800	ochocientos
900	novecientos

1 000	mil
1 001	mil uno
1 492	mil cuatrocientos noventa y dos
1 486	mil cuatrocientos ochenta y seis
3 000	tres mil
40 000	cuarenta mil
1 000 000	un millón

Nota: Observa los cambios.

dos	doce	—	doscientos
tres	trece	treinta	trescientos
cuatro	catorce	cuarenta	cuatrocientos
cinco	quince	cincuenta	quinientos
siete	diecisiete	setenta	setecientos
nueve	diecinueve	noventa	novecientos

Los días de la semana

¿Qué día de la semana es hoy?

Es lunes, martes, miércoles, jueves, viernes, sábado, domingo.

Los meses del año

¿En qué mes estamos?

Estamos en enero, febrero, marzo, abril, mayo, junio, julio, agosto, septiembre, octubre, noviembre, diciembre.

¿Qué fecha es hoy?

Hoy es _Miercoles viente Julio_

Las estaciones del año

¿En qué estación estamos?

Estamos en _el verano_ .

La primavera, el verano, el otoño, el invierno,
~~spring summer fall winter~~
¿Cuándo es tu cumpleaños?

treinta, abril .

Los signos del zodiaco

¿Qué signo del zodiaco eres?

Tauro .

Aries	Tauro	Géminis	Cáncer

Leo	Virgo	Libra	Escorpión

Sagitario	Capricornio	Acuario	Piscis

3. Observa atentamente y contesta lo que se pide.

Ellos están en una entrevista en la radio de la localidad y se presentan.

Zoraya Jacek
Polonia
Periodista
28 años

Gudrun Haupt
Alemania
Estudiante
24 años

Bruno Chourreau
Francia
Astrólogo
26 años

Miguel Gómez
México
Economista
36 años

a) Ellos se presentan.

1. Me llamo <u>Zoraya</u>. Soy <u>polaca</u>. Soy <u>periodista</u>. Tengo <u>28 años</u>.
2. *me llamo Gudrun. Soy ~~Polaca~~ Alemania, Soy Estudiante. tengo 24 años*
3. *me llamo Bruno. Soy Francés. Soy Astrólogo. tengo 26 años.*
4. *me llamo miguel. Soy mexicano Soy Economista. tengo 36 años*

b) Ahora, preséntalos tú mismo.

1. Ella se llama <u>Zoraya</u>. Es <u>polaca</u>. Es <u>periodista</u>. Tiene <u>28 años</u>.
2. *Ella se llama Gudrun. Es Alemana. Es Estudiante.*
3. *Ella se llama Bruno. Es Astrologo. Es Francés. Tiene 26 años.*
4. *Ella se llama miguel. Es Economista. Es mexicano. Tiene 28 a... Tiene 36 año*

c) ¿De dónde son ellos?

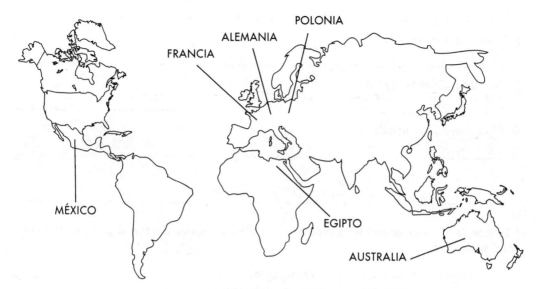

1. *Ellos son de México. Son mexicanos.*
2. _____
3. _____
4. _____
5. _____
6. _____

d) Contesta.

1. Ella vive en Canadá, ¿y tú?

Jorge vive en u.S.A. Rhode Isla

2. Él es doctor, ¿y usted?

~~Ella es~~ yo ~~doctor~~ so estudiante.

3. Ella habla portugués, ¿y tú?

yo hablo english.

4. Él vive en Avenida Copilco 300, ¿y usted?

yo vive en chepachet, Rhode Isla.

5. Ella trabaja en la Embajada de Estados Unidos, ¿y tú?

yo no trabajo en la embajada.

6. Él se llama Jacques, ¿y usted?

me llamo Jorge

15

7. Ella es católica, ¿y tú?

Si soy catolico tú,

8. Él es plomero, ¿y usted?

no soy estudiante

9. Ella tiene 20 años, ¿y tú?

Yo tengo 14 años

10. Él es casado, ¿y usted?

no, yo soy soltero

11. Ella es demócrata, ¿y tú?

Si soy democrata tú

e) Escribe la frase en plural (recuerda que el adjetivo concuerda con el género y número del sustantivo).

Ejemplo: El señor Treviño es mexicano.
Los señores Treviño son mexicanos.

1. Sofía es francesa. (Paul) *Paul y Sophia son francesas*
2. La señora es italiana. *Los señoras son italianas*
3. Mi amigo es amable. *mis amigos son amables*
4. Él es protestante. *Nosotros somos protestantes*
5. Manuel es abogado. (Luis) *Manuel y Luis son abog*

f) Escribe los siguientes números con letra:

2	*dos*	93	*noventa y tres*
16	*dieciseis*	11	*once*
27	*vientisiete*	95	*noventa y cinco*
33	*trienta y tres*	100	*cien*
68	*sesenta y ocho*	77	*setenta y siete*
42	*cuarenta dos*	21	*vienti uno*
12	*doce*	50	*cincuenta*
59	*cincuenta y nueve*	74	*setenta y cuatro*
69	*sesenta y nueve*	88	*ochenta y ocho*
70	*setenta*	200	*dos cientos*
46	*cuarenta y seis*	185	*ciento ochenta y*
16	*dieciseis*		*cinco*

g) Contesta el ejercicio según el modelo.

1. Laura 27/03/1959. *Ella nació el 27 de marzo de 1959. Tiene _____ años.*

   Tiene

2. Mauricio 16/01/1955. *Cuarenta y seis años*

3. Jacqueline 22/07/1966. *Tiene treinta y nueve*

4. Monique 05/05/1970. *Tiene treinta y cinco*

5. Nina 09/12/1945. *Tiene sesenta años*

h) Completa el ejercicio según el modelo.

Miguel Ángel nació en Estados Unidos. Él es estadounidense.

1. Genoveva (Polonia). _____

2. Serge (Suiza). _____

3. Harumi (Japón). _____

4. William (Canadá). _____

5. Juan (Israel). _____

6. Renata (Argentina). _____

7. John (Inglaterra). _____

8. Laura (Venezuela). _____

_____

4. Lee y escribe la información.

a) Anita López es azafata. Trabaja para la compañía American Airlines. Ahora, ella está en Viena, Austria, pero ella es de Panamá. Nació el 18 de agosto de 1963. Es joven y muy guapa. Es feliz en su trabajo.

Nombre	Nacionalidad	Edad	Profesión	Lugar de trabajo
Anita López	Panameña	Cuarenta y dos	azafata	American Airlines

b) Ahora, escribe un texto similar al anterior con la siguiente información.

Nombre	Nacionalidad	Edad	Profesión	Lugar de trabajo
Juan Gallardo	peruano	36 años	veterinario	zoológico

Juan Gallardo es veterinario. Trabaja para la zoológico, ~~está en~~ Pero el es de Peru. Juan tiene 36 años.

c) Subraya la palabra adecuada.

1. María es (casado, <u>casada</u>, casados, casadas).
2. Ellos son (<u>cubano</u>, cubana, <u>cubanos</u>, cubanas).
3. Yo soy (<u>soltero</u>, soltera, solteros, solteras).
4. Anita López es (guapo, <u>guapa</u>, guapos, guapas).
5. Zoraya es (<u>polaco</u>, <u>polaca</u>, polacos, polacas).
6. Ellas son (musulmán, <u>musulmana</u>, musulmanes, <u>musulmanas</u>).
7. Carlos es (<u>brasileño</u>, brasileña, brasileños, brasileñas).
8. Antonio y Stephanie son (esposo, esposa, <u>esposos</u>, esposas).
9. María y Juan son (profesor, profesora, <u>profesores</u>, profesoras).
10. Yo estudio Literatura e Historia (<u>mexicano</u>, mexicana, mexicanos, <u>mexicanas</u>).
11. Luis y Miguel son buenos (electricista, <u>electricistas</u>).
12. Jim Chapman es (<u>abogado</u>, abogada, abogados, abogadas).

5. a) Escucha la grabación y completa la información.

José Roberto Riveira necesita su credencial para consultar libros en la biblioteca Simón

Bolívar del Centro de Enseñanza para Extranjeros. Él es de _____.

Es _____. Tiene _____ años y trabaja en la embajada de su país en

México. Es _____. _____ cerca de la Universidad, en Avenida Copilco número

300. Le gustan mucho los deportes:_____, _____ y _____. Es

_____ y _____ con unos amigos.

b) Ahora, llena la ficha con la información anterior.

Simón Bolívar

BIBLIOTECA

Nombre:_____

Apellidos: _____

Nacionalidad:_____ Edad: _____

Profesión: _____

Otras actividades: _____

c) Escucha los diálogos y completa.

En la oficina de inscripciones del CEPE

Profr. Sánchez:	–¿Cómo te _____?
Jean Paul:	–Jean Paul Leroy
Profr. Sánchez:	–¿Dónde _____ en México?
Jean Paul:	–En Avenida Insurgentes 4680 Departamento 802 Col. San José.
Profr. Sánchez:	–¿De dónde _____?
Jean Paul:	–De Ginebra, Suiza.
Profr. Sánchez:	–Firma aquí. Gracias.
Jean Paul:	–_____.

Mayumi:	–_____.
José:	–_____ ¿Cómo te _____?
Mayumi:	–Mayumi.
José:	–¿_____ es tu _____?
Mayumi:	–Ah, Sakai.
José:	–¿Cuál es tu _____?
Mayumi:	–Avenida San Jerónimo 589.
José:	–¿_____?
Mayumi:	–De Japón.
José:	–¿Eres _____ o _____?
Mayumi:	–_____.
José:	–¿Cuál es tu _____?
Mayumi:	–Soy _____.
José:	–Muy bien, firma aquí, _____.
Mayumi:	–_____.

d) Haz diálogos similares con tus compañeros. Sustituye la información.

19

Funciones comunicativas

– Saludar

Buenos días, señor, ¿cómo está?
Buenos días, ¿cómo estás?

– Contestar

Muy bien, gracias, ¿y usted?
Bien, gracias, ¿y tú?

– Recibir a alguien en tu casa

Señorita, pase, por favor.
Sophie, pasa, por favor.

– Agradecer

Muchas gracias, señor.
Muchas gracias, señora.
Gracias.

– Invitar

¿Quieres tomar un café?
¿Quieres ir al cine conmigo?

– Aceptar invitación

Sí, gracias.
Sí, vamos.

– Pedir información

¿Cómo te llamas?
¿Dónde vives?
¿Eres casada?

– Dar información

Me llamo Sophie.
Vivo en la ciudad de México.
No, soy soltera.

– Presentar

Él es mi esposo.
Ella es mi amiga Julieta.

– Presentarse

Soy Mari Carmen Treviño.
Yo soy Sophie Fraser.
Soy amiga de su hija Julieta.
Soy el novio de su hija.

– Para responder

Mucho gusto.

e) Pon el número correspondiente en el paréntesis.

Ellos dicen:

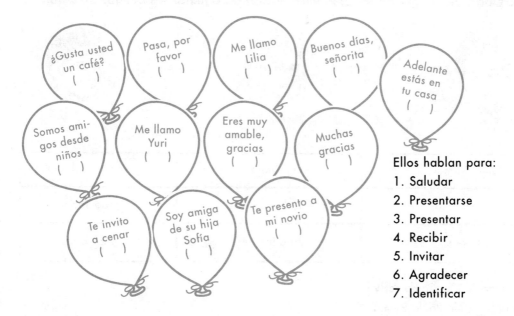

¿Gusta usted un café? ( )

Pasa, por favor ( )

Me llamo Lilia ( )

Buenos días, señorita ( )

Adelante estás en tu casa ( )

Somos amigos desde niños ( )

Me llamo Yuri ( )

Eres muy amable, gracias ( )

Muchas gracias ( )

Te invito a cenar ( )

Soy amiga de su hija Sofía ( )

Te presento a mi novio ( )

Ellos hablan para:

1. Saludar
2. Presentarse
3. Presentar
4. Recibir
5. Invitar
6. Agradecer
7. Identificar

Abecedario

Practica en clase.

Letra:	a	b	c	ch	d	e	f	g	h
Nombre de la letra:	a	be	ce	che	de	e	efe	ge	hache
	i	j	k	l	ll	m	n	ñ	o
	i	jota	ka	ele	elle	eme	ene	eñe	o
	p	q	r	rr	s	t	u	v	w
	pe	cu	ere	erre	ese	te	u	uve	doble u
	x	y	z						
	equis	ye	zeta						

6. Paula Reimav y dos amigas están en México, en una agencia de viajes. Van a comprar boletos de avión para ir a Yucatán y conocer las ruinas mayas. La secretaria de la agencia les pide información para llenar los boletos de avión.

Paula Reimav	Ruth Smith	Harumi Takanaka
de Alemania	de Estados Unidos	de Japón
34 años	26 años	29 años

Secretaria: –¿Cómo se llama?

Paula: –Paula Reimav.

Secretaria: –¿Cómo? ¿Me deletrea su apellido, por favor?

Paula: –Sí, claro: ERE-E-I-EME-A-UVE

Secretaria: –Gracias. ¿De dónde es?

Paula: –Soy de Alemania.

Secretaria: –¿Edad?

Paula: –Treinta y cuatro años.

Secretaria: –Muy bien, señorita. Aquí tiene su boleto.

Paula: –Gracias.

a) Ahora pregunta a tus compañeros su nombre y apellido y pídeles que lo deletreen.

En la clase de cerámica

Contenido temático

Una joven extranjera en México •

Objetivo de comunicación

Presentarse •
Presentar... •
Pedir/dar información •
Aceptar/rechazar •
Invitar •
Ofrecer ayuda •
Pedir/aclarar •

Contenido lingüístico

Verbo estar (localización, estado de ánimo) •
Verbos regulares en presente de indicativo (estudiar,
comer, vivir) •
Verbos irregulares en presente de indicativo (estar,
conocer, querer, poder, tener) •
Poder + infinitivo •
Querer + infinitivo •

Vocabulario

Compañeros de clase
Nacionalidades
Profesiones
Tiempo de estar en México
Actividades

1. En la clase de cerámica.

a) Escucha los siguientes diálogos. Escribe el número abajo del dibujo que lo representa.

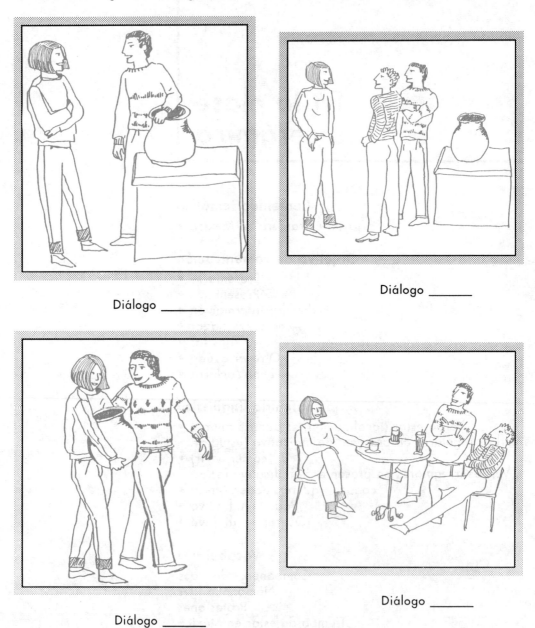

Diálogo _____

Diálogo _____

Diálogo _____

Diálogo _____

b) Escucha los diálogos y marca con una paloma (✔) la opción correcta.

Diálogo 1

1. Anna y Pepe están
   en una clase de
   - (✔) cerámica.
   - (✗) dinámica de grupos.
   - (✗) cultura.

2. Anna y Pepe son
   - (✗) amigos.
   - (✔) compañeros de clase.
   - ( ) paisanos.

3. Anna es
   - ( ) australiana.
   - (✔) italiana.
   - ( ) mexicana.

4. Anna está en México
   desde hace
   - ( ) dos meses.
   - (✔) tres meses.
   - ( ) seis meses.

c) Diálogo 2.

1. Anna está en México para
   - (✔) estudiar.
   - ( ) trabajar.
   - ( ) casarse.

2. Pepe estudia en
   - ( ) la Facultad de Economía.
   - ( ) la Facultad de Medicina.
   - (✔) la Facultad de Derecho.

d) Diálogo 3.

1. Juan estudia
   - ( ) Derecho.
   - ( ) Ingeniería.
   - (✔) Química.

2. Pepe invita a Anna a tomar
   - ( ) una cerveza.
   - ( ) un té.
   - (✔) un café.

3. Anna tiene mucho tiempo
   para tomar un café
   - (✗) sí.
   - (✔) no.

e) Diálogo 4.

1. ¿A Anna le gusta México?
   - (✔) sí.
   - ( ) no.

2. ¿Anna conoce Guadalajara?
   - ( ) sí.
   - (✔) no.

2. Lee.

Diálogo 1

Pepe y Anna se conocen en la clase de cerámica de una casa de cultura.

Pepe: —Hola, ¿te puedo ayudar?

Anna: —Gracias, muy amable.

Pepe: —¿Eres mexicana?

Anna: —No, soy italiana.

Pepe: —¿Hace cuánto tiempo que estás en México?

Anna: —Desde hace tres meses.

Pepe: —Hablas muy bien español.

Anna: —Gracias.

Diálogo 2

Pepe: —¿Cómo te llamas?

Anna: —Anna, ¿y tú?

Pepe: —José. Pero me dicen Pepe, ¿viniste sola a México?

Anna: —¿Perdón? No... entiendo.

Pepe: —Sí. ¿Estás sola en México?

Anna: —¡Ah! Sí, tengo una beca para estudiar español.

Pepe: —Ah, ¿dónde estudias?

Anna: —En la Escuela para Extranjeros de la Universidad.

Pepe: —¡Ay!, pues somos vecinos.

Anna: —¿Cómo? No entiendo.

Pepe: —Sí, yo estudio Derecho, y la facultad está muy cerca de tu escuela.

Diálogo 3

Al salir de clase.

Pepe: —Te presento a Juan.

Anna: —Mucho gusto. ¿Estudias con Pepe?

Juan: —No, estoy en la Facultad de Química.

Pepe: —¿Quieres tomar un café con nosotros? Vamos al café de enfrente.

Anna: —Hmmm... no tengo mucho tiempo..., e... Hmmm. ¿Está lejos el café?

Pepe: —No, está muy cerca.

Anna: —Bueno, vamos.

Diálogo 4

En el café.

Juan:	–¿Te gusta México?
Anna:	–Sí, estoy muy contenta.
Juan:	–Me da mucho gusto. ¡Qué bueno!
Anna:	–Ustedes, ¿son de la ciudad de México?
Pepe:	–Yo sí, pero Juan...
Juan:	–No, yo soy de Guadalajara. ¿Conoces otros lugares de México?
Anna:	–No, pero quiero viajar. ¡Ay!, ya es tarde.
Pepe:	–¿Necesitas aventón? ¿Dónde vives?
Anna:	–Muchas gracias, pero no es necesario. Mi casa está cerca de aquí. Bueno, nos vemos. Muchas gracias por todo.
Pepe:	–Mucho gusto en conocerte. Adiós...
Juan:	–Hasta luego.

3. Completa.

Pepe:	–Hola, ¿te puedo ayudar?
Anna:	–(Aceptar) _____
Pepe:	–¿Eres mexicana?
Anna:	–(Expresar nacionalidad) _____
Pepe:	–¿Hace cuánto que estás en México?
Anna:	–(Tiempo de estar en México) _____
Pepe:	–¿Estás sola aquí en México?
Anna:	–(Afirmar) _____
Pepe:	–¿Qué haces en México? _____
Anna:	–(Dar información acerca de la actividad en México) _____
	_____
Pepe:	–¿Quieres conocer Teotihuacan?
Anna:	–(Expresa incomprensión)_____
Pepe:	–(Explicar) _____
	_____

a) Juego de roles.

Lee el siguiente diálogo. Después, con otro compañero, sustituye la información subrayada.

A.: —¿Cómo te llamas?

B.: —<u>Nathalie</u>, ¿y tú?

A.: —<u>Juan Carlos</u>. ¿De dónde eres?

B.: —Soy de <u>Inglaterra</u>.

A.: —¿Hace cuánto tiempo que estás en México?

B.: —Desde hace <u>seis meses</u>.

A.: —¿Trabajas aquí?

B.: —<u>No, estudio Medicina en la Universidad</u>.

A.: —¿Quieres tomar un <u>café</u> conmigo?

B.: —No, ahora <u>no</u> puedo. Tengo <u>una clase en la Facultad</u>. Pero podemos vernos otro día.

A.: —Está bien. Mucho gusto <u>Nathalie</u>.

b) Elabora las preguntas que corresponden a la información que se da. Un compañero toma el papel de A y otro, el papel de B.

Observa el ejemplo:

A	B
PEDRO	MARÍA

–¿Dónde trabajas?   —*Trabajo en Aerolíneas Venezolanas.*

–¿De dónde eres?   —*Soy de Venezuela.*

–¿Hace cuánto tiempo estás en México?   —*Desde hace cinco meses.*

JUAN

–Nacionalidad: mexicana (de Guadalajara).

–Tiempo en el D.F.: 5 años.

–Actividad: estudiante de Letras Hispánicas en la Universidad.

–¿ · · · · · · · · · · · · · · ?

–¿ · · · · · · · · · · · · · · ?

–¿ · · · · · · · · · · · · · · ?

–¿ · ?

–¿ · ?

–¿ · ?

PAUL

–Nacionalidad: estadounidense.

–Tiempo en México: 2 meses.

–Actividad: diplomático en la Embajada de Estados Unidos.

HERTA

–Nacionalidad: alemana.

–Tiempo en México: 10 meses.

–Actividad: estudia Arqueología en la Escuela Nacional de Antropología e Historia (ENAH).

–¿ · ?

–¿ · ?

–¿ · ?

–¿ · · · · · · · · · · · · · ?

–¿ · · · · · · · · · · · · · ?

–¿ · · · · · · · · · · · · · ?

ELENA

–Nacionalidad: guatemalteca.

–Tiempo en México: 2 meses.

–Actividad: estudia Medicina.

Estudia.

Verbos regulares en presente de indicativo

Los verbos en español tienen tres conjugaciones de acuerdo con su terminación:

1a. conjugación: ar
2a. conjugación: er
3a. conjugación: ir

	estud**iar**	com**er**	viv**ir**
yo	estud**io**	com**o**	viv**o**
tú	estud**ias**	com**es**	viv**es**
él, ella, usted	estud**ia**	com**e**	viv**e**
nosotros	estud**iamos**	com**emos**	viv**imos**
ustedes	estud**ian**	com**en**	viv**en**
ellos	estud**ian**	com**en**	viv**en**

La segunda conjugación -er y la tercera conjugación -ir se conjugan de la misma manera, sólo hay una diferencia en nosotros -emos/-imos.

Verbos irregulares en presente de indicativo

(veáse el glosario de verbos irregulares al final del libro)

	estar	conocer	tener	querer	poder
yo	est**oy**	cono**zco**	ten**go**	qu**ie**ro	p**ue**do
tú	estás	conoces	t**ie**nes	qu**ie**res	p**ue**des
él, ella, usted	está	conoce	t**ie**ne	qu**ie**re	p**ue**de
nosotros	estamos	conocemos	tenemos	queremos	podemos
ustedes	están	conocen	t**ie**nen	qu**ie**ren	p**ue**den
ellos	están	conocen	t**ie**nen	qu**ie**ren	p**ue**den

Usos del verbo ESTAR

– Localización.

La Facultad de Derecho <u>está</u> cerca del Centro de Enseñanza para Extranjeros.

Mi casa <u>está</u> cerca de aquí.

– Expresar estado de ánimo.

Estoy contenta.

Estoy triste.

Estoy cansada.

– Son expresiones que se usan para preguntar por el tiempo de <u>estar</u> en un lugar.

¿Hace cuánto tiempo estás...?

¿Cuánto tiempo hace que estás...?

¿Desde cuándo estás...?

QUERER y PODER + infinitivo

– Querer + verbo en infinitivo.

Quiero viajar por México.

Quiero llegar temprano.

– Poder + verbo en infinitivo.

Puedo venir más tarde.

Te puedo ayudar.

4. Escucha las siguientes narraciones.

Algunos compañeros de Anna en la clase de español del CEPE.

a) Ahora, da información sobre las siguientes personas.

Andrey Klimov

1. Nacionalidad:_____

2. ¿Por qué está en México? _____

3. Profesión: _____

4. Lugar de trabajo: _____

5. Edad:_____

6. Dirección:_____

7. Tiempo de estar en México:_____

8. Opinión sobre México:_____

Marie Lou Lalame

1. Nacionalidad: _____

2. Tiempo de estar en México:_____

3. Actividad:_____

4. Estado civil: _____

5. Trabajo actual:_____

6. Estudia español en el CEPE porque..._____

7. Opinión sobre México:_____

Audra Ballauf

1. Nacionalidad: _____

2. Tiempo de estar en México: _____

3. Profesión: _____

4. ¿Por qué necesita aprender español? _____

5. ¿Con quién vive en México? _____

Lee las narraciones y verifica tus respuestas.

Andrey Klimov

Buenas tardes, me llamo Andrey Klimov, soy ruso. Estoy aquí, en México, porque tengo una beca de Relaciones Exteriores. Soy médico. Trabajo en el Instituto de Cardiología, en Tlalpan, que es una muy famosa institución. Eh... tengo 33 años, hmmm... y vivo en el área de Hospitales. Estoy aquí en México desde hace ocho meses, eh... cuando llegué aquí no hablaba nada de español; por eso estudio en la Escuela para Extranjeros. Me gusta mucho esta ciudad. Es muy grande, pero estoy muy contento. Es todo.

Marie Lou Lalame

Buenas tardes. Me llamo Marie Lou Lalame. Soy de Haití. Tengo seis años aquí en México. Vine para trabajar en la Embajada de Haití en México. Eh... soy casada. Hmmm... Soy maestra en el Instituto Angloamericano. Estoy en México para estudiar más español y... y aprender las reglas de gramática. Hmmm... No tengo hijos... y vivo con mi esposo. Me gusta mucho este país. La gente es muy amable y simpática.

Audra Ballauf

Buenas tardes. Me llamo Audra Ballauf. Soy alemana, nací en München, una ciudad en el sur de la República Federal. Estoy en México desde hace tres semanas. Tengo una beca de Conacyt. Yo soy periodista. Ahora estoy en el CEPE para mejorar mi español. Después, a partir de diciembre, voy a trabajar en Notimex, la agencia de prensa mexicana. Es la primera vez que estoy en México. Vivo con otros tres estudiantes en un departamento. Hablamos español en la casa.

5. Contesta.

a) Completa los diálogos con los verbos adecuados.

1. –Oscar, ¿dónde _____?
    –_____ en la ciudad de México.
    –¿Qué _____ ?
    –_____ Medicina Veterinaria.

2. –¿Dónde _____ tus padres?
    – _____ en Roma, Italia.

3. –¿_____ español?
    –Sí, _____ un poco.

4. –¿De dónde _____?
    –_____ de Italia.

5. –¿Qué tienes, Diana?
    –_____ preocupada porque mañana tengo un examen.

6. –¿Hace cuánto tiempo _____ ustedes en México?
    –Desde hace cinco meses.

b) Completa el diálogo con los verbos en presente.

En la clase de cerámica (dos semanas más tarde, un viernes).

Anna: –Pepe, ¿dónde _____ comprar papel de China?
                          poder

Pepe: –En una papelería.

Anna: –Claro. Pero, ¿hay alguna cerca?

Pepe: –Sí, _____ a dos cuadras.
                  estar

Anna: –¿Me _____ acompañar?
                  querer

Pepe: —Con mucho gusto. ¿A qué hora _____ ?
          comer

Anna: —Más o menos a las 2:00, ¿por qué?

Pepe: —Te _____ a comer. ¿Quieres?
          invitar

Anna: —No _____. Los viernes, mis paisanos y yo _____ juntos.
          poder   comer

Pepe: —¡Qué lástima!

Anna: —Pero _____ salir otro día.
          poder

Pepe: —¿Qué días _____ en la Escuela para Extranjeros?
          estudiar

Anna: —Todos los días.

Pepe: —Ah, perfecto, _____ ir el lunes, después de tu clase.
          poder (nosotros)

Anna: —Está bien.

c) Sustituye los verbos.

    Ejemplo: Estudio español.
    (aprender) *Aprendo español.*

1. Ella viaja mucho.
   (caminar) *Ella camina~~x~~ mucho.* (walk)

2. Juan y Elena escuchan música.
   (tocar) *Juan y Elena tocan música.*

3. Ella habla francés.
   (entender) *Ella entiende francés* (e=ie)

4. Ellas comen en un restaurante.
   (platicar) *Ellas platican en un restaurante.*

5. Juan estudia mucho.
   (trabajar) *Juan trabaja mucho*

6. Pepe lee un poema.
   (estudiar) *Pepe estudia un poema.*

7. Ana invita al cine.
   (ir) Ana ~~ire~~ va al cine.

35

d) Escribe la oración interrogativa.

Ejemplo: *¿De dónde eres?* ———— —Soy de Argentina.

1. ¿ ~~Donde estoy Argmn~~ ? —Estudio español.

Pe donde ~~es usted~~

2. ¿ ~~Se eres estudia español~~ ? —Vivo en México.

3. ¿ Cómo se llama ? —Me llamo Ricardo.

Son

4. ¿ ~~Yo estoy de Peru~~ ? —Sí, somos peruanos.

tu amiga

5. ¿ Quién es ~~Anna~~ ? —No, no conozco a Anna.

6. ¿ De dónde er usted ? —Soy de Colombia.

eres

7. ¿ ~~estu~~ casada ? —No, soy soltera.

Quieren

8. ¿ ~~Somos es~~ pizza ? —Sí, gracias.

9. ¿ ~~Hay~~ Quándo tu *llegas* ? —Hace dos meses.

10. ¿ Cómo tiene años ? —Tengo 33 años.

Cuántos

e) Cambia las oraciones a negativas.

1. Vive en París.

No vive en Paris

2. Estoy muy contento en esta clase.

No estoy muy contento en esta clase

3. Usted toma café.

no usted toma cafe

4. Mi madre trabaja.

Mi no madre trabaja

5. Los muchachos estudian mucho.

Los muchachos no estudian

6. Pepe y Juan son amigos.

Pepe y Juan no son amigos

7. Yo aprendo español.

Yo no aprendo español

8. Elena está triste.

Elena no está triste

Observa.

Funciones comunicativas	
– Presentar a...	Te presento a Juan.
– Presentarse	Me llamo José, pero me dicen Pepe.
– Pedir/dar información	¿Dónde estudias? Estudio en la Escuela para Extranjeros de la Universidad.
– Ofrecer ayuda	¿Te puedo ayudar?
– Agradecer	Sí, muy amable.
– Invitar	¿Quieres tomar un café con nosotros?
– Aceptar	Sí, muchas gracias.
– Rechazar	Muchas gracias, pero estoy muy cansada.
– Pedir/aclarar	¿Estás sola aquí en México? ¿Cómo? No entiendo. Sí, ¿vives sola en México? ¡Ah! Sí, tengo una beca para estudiar español.

6. Observa los dibujos de las siguientes páginas y llena los renglones con las frases del primer cuadro.

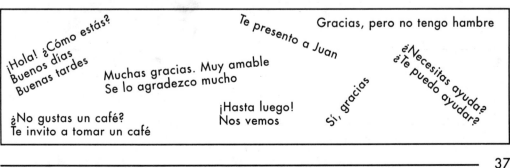

¡Hola! ¿Cómo estás?
Buenos días
Buenas tardes

Te presento a Juan

Gracias, pero no tengo hambre

Muchas gracias. Muy amable
Se lo agradezco mucho

¿Necesitas ayuda?
¿Te puedo ayudar?

¿No gustas un café?
Te invito a tomar un café

¡Hasta luego!
Nos vemos

Sí, gracias

Presentar a alguien

Invitar

Ofrecer ayuda _____

Agradecer

_____

_____

Rechazar

_____

_____

Despedirse

_____

Aceptar

_____

_____

Saludar

_____

_____

3

Una invitación

Contenido temático

Una llamada telefónica •
Actividades durante el tiempo libre •

Objetivo de comunicación

Invitar •
Aceptar/rechazar una invitación •
Agradecer •
Disculparse •
Acordar una cita •
Pedir/dar información (hora) •

Contenido lingüístico

Oraciones interrogativas y negativas •
Verbo ser (hora, cualidad permanente) •
Verbo estar (posición, estado o condición,
expresar opinión) •
Algunos verbos irregulares (tener, jugar, ir, venir) •

Vocabulario

La hora
Los espectáculos

1. Escucha el diálogo y marca con una cruz si la afirmación es verdadera (V) o falsa (F).

1. Brenda no conoce a Guadalupe.	V	F
2. Guadalupe está en la Universidad.	V	F
3. Hoy es sábado.	V	F
4. Brenda está cansada.	V	F
5. Guadalupe vive en la calle Monterrey, número doscientos treinta.	V	F
6. Brenda invita a Guadalupe a salir el sábado.	V	F

a) Escucha los diálogos, y llena los espacios en blanco.

Parte 1

María: −¿Bueno?

Lupe: −¿A dónde hablo?

María: −Al 548-22-94

Lupe: −¿Está Brenda?

María: −¿De parte de quien?

| Lupe: | –De Guadalupe González. |
| María: | –Un momento, por favor. |

Parte 2

Brenda:	–¿Bueno?, ¿Guadalupe?
Lupe:	–Hola, Brenda, ¿te desperté?
Brenda:	–No, no... ¿Dónde estás?
Lupe:	–En la _____.
Brenda:	–Ah, ¡pero si es tardísimo!
Lupe:	–Son las _____.
Brenda:	–Ay... estoy tan cansada...
Lupe:	–Discúlpame por llamar tan temprano.
Brenda:	–No hay problema.

Parte 3

Lupe:	–Mira, te llamo para invitarte a cenar. Vienen mis amigos fotógrafos y quiero que los conozcas.
Brenda:	–Muchas gracias. ¿Cuándo?
Lupe:	–El próximo sábado. ¿Te parece?
Brenda:	–Claro que sí. Muchas gracias.
Lupe:	–Puedes invitar a un amigo.
Brenda:	–Muy bien. ¿Cuál es tu dirección?
Lupe:	–Monterrey número doscientos veinte, colonia Roma.
Brenda:	–¿A qué hora?
Lupe:	–Entre _____ y _____.
Brenda:	–Muy bien. Nos vemos el sábado.
Lupe:	–Muy bien. Hasta luego.

2. Llamadas telefónicas.

a) **Escucha las conversaciones telefónicas. Señala en el cuadro la opción correcta. Observa el ejemplo:**

A:	–¿Bueno?
B:	–¿Me comunica con Ana María, por favor?
A:	–¿Qué número marcó?
B:	–El 283-63-92.
A:	–No, aquí no vive.
B:	–Disculpe.

	Conversación				
	Ejemplo	A	B	C	D
a) el número es correcto					
b) el número es incorrecto	✗				
c) la personá está					
d) la persona no está					
e) los que hablan se conocen					
f) los que hablan no se conocen	✗				
g) quiere hablar con una persona	✗				
h) quiere pedir un servicio					
i) la conversación es personal					
j) la persona no vive en ese lugar	✗				

Conversación A

Conversación B

Conversación D

b) Lee las siguientes conversaciones y verifica tus respuestas.

Conversación A

Recepcionista:	–Consultorio dental, buenas tardes.
Paciente:	–¿Está el doctor Roque?
Recepcionista:	–No, no está en este momento.
Paciente:	–Necesito ver al doctor...
Recepcionista:	–Puede venir a las cuatro de la tarde, antes de la primera cita del doctor.
Paciente:	–Muchas gracias, señorita.
Recepcionista:	–¿Cuál es su nombre?
Paciente:	–Alberto Hernández.

Conversación B

Señora:	–¿Bueno?
Joven:	–Disculpe, ¿a dónde hablo?
Señora:	–¿Con quién quiere hablar?
Joven:	–Con la señorita Amalia López.
Señora:	–Aquí no vive esa persona, joven.
Joven:	–Discúlpeme.
Señora:	–No tenga cuidado.

Conversación C

Mujer:	–¿Bueno?
Hombre:	–¿Quién habla?, ¿Lupita?
Mujer:	–¿Héctor? ¡Qué gusto me da!
Hombre:	–No soy Héctor. Soy Enrique.
Mujer:	–Ah... ¿qué quieres?

Conversación D

Señora:	–Casa de la familia Ramírez.
Juan:	–¿Está Angélica?
Señora:	–No, no está. ¿Quién habla?
Juan:	–Juan Acha, un amigo de la escuela.
Señora:	–¿Quieres dejar un recado?
Juan:	–No. Le hablo después, gracias.

c) **En parejas hagan conversaciones similares, tomen el papel de A o B.**

A	B
Eres la esposa de Juan. Él está en su consultorio ahora. Tomas el recado.	Buscas a tu amigo Juan. Llamas a su casa.
Eres secretaria de una compañía de coches.	Eres un vendedor de pasteles. Quieres vender pasteles para una fiesta.
Te llamas Ana y estudias Arquitectura. Tienes un amigo nuevo que se llama Sergio.	Te llamas Sergio y hablas a casa de tu amiga Ana para invitarla al cine.

3. Invitaciones.

a) Observa. Escucha la conversación.

Mari Carmen

Te invito a mi fiesta

El sábado 26 de este mes a partir de las 10 de la mañana

Salón de fiestas Los Payasos

(véase el mapa)

b) En parejas usen las tarjetas para inventar conversaciones. Pueden llamar para confirmar o rechazar la invitación.

25 de octubre de 1995

Estimado Sr. Carlos Adolfo Aguirre:
Presente

Por medio de la presente y con motivo de nuestro aniversario de bodas, nos honra invitar a usted y a su apreciable familia a la comida que ofreceremos el próximo día 7 de noviembre en la cafetería del Teatro de Bellas Artes a las 14:00 hrs.

Esperamos contar con su asistencia

C o r d i a l m e n t e

Juan Pirulero y Sra.

Para María Antonieta
¿Te gustaría ir a Bellas Artes
a un concierto de música clásica?
Es a las 8:00 p.m.
Paso por ti a las 7:15

Miguel ángel

Amigo:
Te invito al cine este fin de semana de 6:00 a 8:00
¿Vamos al cine que está cerca de tu casa?

c) Lee el diálogo.

Andrea: –¿Bueno?

Vicky: –¿Quién habla? ¿Andrea?

Andrea: –Sí. ¿Quién es? ¿Vicky?

Vicky: –Sí. ¿Cómo estás?

Andrea: –Muy bien, ¿y tú?

Vicky: –Andrea, Fernandito quiere invitar a Mari Carmen a su fiesta de cumpleaños.

Andrea: –Claro que sí. ¿Cuándo?

Vicky: –El sábado que viene.

Andrea: –¿A qué hora?

Vicky: –A las 10 en el salón de fiestas Los Payasos. Tú ya sabes, el que está cerca de la escuela.

Andrea: –Claro, claro que sí. Muchas gracias. Nos vemos allá.

Vocabulario

La hora

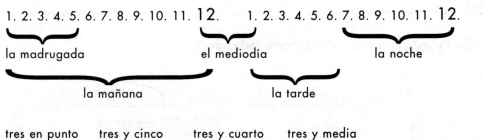

1. 2. 3. 4. 5. 6. 7. 8. 9. 10. 11. 12.   1. 2. 3. 4. 5. 6. 7. 8. 9. 10. 11. 12.

la madrugada   el mediodía   la noche

la mañana   la tarde

tres en punto   tres y cinco   tres y cuarto   tres y media

(falta un) cuarto para las cuatro

(faltan) veinte para las ocho

tres cuarenta y cinco

son las cinco y cinco

   Son las dos en punto.

   Son las dos y cinco.

 Son las dos y cuarto.

 Son las dos y media.

 Falta un cuarto para las tres (las tres menos quince/cuarto).

En situación formal se utiliza el horario de 24 horas.

Ejemplo:

Son las 13:30 hrs. (Son las trece treinta horas.)
Son las 19:20 hrs. (Son las diecinueve veinte horas.)

En situaciones informales o familiares se usa el horario de 12 horas.

Ejemplo:

Es la 1:30 p.m. (Es la una y media o es la una treinta de la tarde.)
Son las 7:20 p.m. (Son las siete y veinte de la noche.)

4. Escribe la hora correcta en el espacio indicado.

1. _____

2. _____

3. _____   4. _____

5. _____

6. _____

a) En parejas, actúen las siguientes situaciones.

A	B
Invitas a tu amiga al cine a las 4:00 p.m.	Tu amigo te invita al cine a las 4:00 p.m. Tú no puedes a esa hora, pero sí puedes a las 8:00 p.m.
Quieres hacer cita con el doctor a las cinco y media.	Eres secretaria del doctor. El doctor sólo puede dar cita mañana por la mañana de nueve a doce.
Tú quieres viajar a Veracruz en autobús. Llamas por teléfono a la central y preguntas por el horario.	Tú das información telefónica sobre los autobuses. El horario de salida a Veracruz es 9:35, 13:45 y 19:20 horas.
Eres el administrador de una empresa. Le preguntas a la secretaria a qué hora es la cita con el director.	Tú eres secretaria del administrador de la empresa. Él tiene una cita con el jefe a las 18:45 horas.
Eres el novio. Son las 4:30. Esperas a tu novia desde las 4:00 p.m.	Eres la novia. Tu reloj marca las 4:15 p.m. Tienes cita con tu novio a las 4:00.

Estudia.

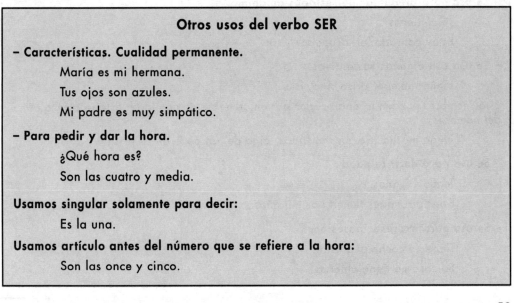

Otros usos del verbo SER

– Características. Cualidad permanente.

> María es mi hermana.
>
> Tus ojos son azules.
>
> Mi padre es muy simpático.

– Para pedir y dar la hora.

> ¿Qué hora es?
>
> Son las cuatro y media.

Usamos singular solamente para decir:

> Es la una.

Usamos artículo antes del número que se refiere a la hora:

> Son las once y cinco.

Otros usos del verbo ESTAR

Estados transitorios

– Para expresar opiniones.

¡Qué sabroso está el café!

¡Qué bonito está el día!

– Para describir estado o condición.

Él está enfermo

El té está demasiado caliente./Este café está frío.

Mi reloj está atrasado/adelantado diez minutos.

Estos zapatos están muy viejos./Este vestido está nuevo.

La tienda está abierta toda la noche./La tienda está cerrada.

– Para saludar.

¿Cómo está usted?

Bien, gracias. ¿Y usted?

Más o menos./Regular.

El verbo TENER

yo	tengo	nosotros	tenemos
tú	tienes	ustedes	tienen
usted/él/ella	tiene	ellas/ellos	tienen

Usos:

– Se usa para preguntar por estados de ánimo.

¿Qué tienes?

Estoy cansado/preocupado/triste

– Se usa con algunos sustantivos.

sueño, tiempo, prisa, sed, frío.

Estos nombres pueden ir modificados por un adverbio de cantidad. Éste se coloca antes del nombre.

Tengo mucho frío/mucha (poca, algo de, un poco de...) prisa.

– Se usa para decir la edad.

Tengo 15 años.

Estas pirámides tienen dos mil años.

– Se usa para expresar posesión.

Tiene un coche pequeño.

Su casa no tiene alberca.

5. Llena los espacios con el verbo SER, ESTAR o TENER conjugados en presente.

a) Brenda _es_ una joven canadiense que _está_ en México para estudiar español. Ella _es_ fotógrafa. Hoy _está_ contenta porque su amiga Guadalupe la invitó a cenar el sábado. Guadalupe _tiene_ amigos fotógrafos.

Hoy, ella _tiene_ sueño porque se acostó muy tarde anoche. Ahora _está_ en su casa.

El día _es_ muy bonito, por eso quiere jugar tenis después de la clase. Ella piensa que sus clases _están_ muy interesantes, porque _tiene_ muy buenos maestros.

b) Juana: –¿Cómo _estás_ María?

María: –Bien, pero _tengo_ mucho trabajo.

Ana: –Mi hijo _está_ enfermo.

Andrea: –¿Qué _tiene_?

Ana: –Bronquitis.

Isabel: –¿Quién _es_ ese señor que _está_ acostado?

Georgina: – _es_ mi amigo Juan. Parece que _tiene_ mucho sueño.

El tío: –¿Cuántos años _tienes_ Javier?

Javier: –Veinte. ¿Por qué?

El tío: – _eres_ muy joven para casarte.

Javier: –Pero _está_ muy enamorado, tío.

La mamá: –Muchachos, ¿ _tienen_ hambre? Los invito a cenar.

El hijo y los amigos: –No, gracias. _tienes_ prisa.

55

Estudia.

Algunos verbos irregulares en presente de indicativo			
	jugar	**ir**	**venir**
yo	juego	voy	vengo
tú	juegas	vas	vienes
usted, él, ella	juega	va	viene
nosotros	jugamos	vamos	venimos
ustedes	juegan	van	vienen
ellos	juegan	van	vienen

c) Escribe la hora que marcan los relojes.

Son ~~cinco~~ quince para las cinco

Son los doce en punto

Son las cinco veinte

Son cinco para las diez

Son ~~una~~ y media

~~Son las~~ es la ~~once~~ una (11) diez cinco

Son diez para las ~~once~~ once

~~son las~~ es la ~~once~~ una quince

Palabras interrogativas		
–_____ es mi amigo.	–¿<u>Quién</u>?	–Juan
–Nos vemos _____.	–¿<u>Cuándo</u>?	–El lunes
–Nos vemos _____.	–¿A <u>qué</u> hora?	–A las nueve de la noche
–Nos vemos _____.	–¿En <u>dónde</u>?	–En mi casa
–Mi dirección es _____.	–¿<u>Cuál</u> es tu dirección?	–Avenida Tepepan 202, Tlalpan
–Yo vivo en Pomona 202.	–¿<u>Cómo</u> se deletra el nombre de la calle?	–Pe - o - eme - o - ene - a
–Tengo _____ años.	–¿<u>Cuántos</u> años tienes?	–Treinta

6. Continúa el diálogo usando palabras interrogativas.

Enrique: —Pepa, te invito a la fiesta de mi hermano.

Pepa: —¿ _____ ?

Enrique: —El sábado.

Pepa: —¿ _____ ?

Enrique: —Empieza a las ocho, pero paso por ti a las ocho y media.

Pepa: —¿ _____ ?

Enrique: —Es en casa de unos amigos, en la colonia del Valle.

Pepa: —¿ _____ ?

Enrique: —Anaxágoras 30. Pero no te preocupes. Yo paso por ti.

Pepa: —De todas maneras, la voy a anotar.

¿ _____ ?

Enrique: —A N A X Á G O R A S.

Pepa: —¡Ay!, Enrique, fíjate que no puedo ir. Me acordé que viene mi mamá de Francia, y quiere verme.

Enrique: —(Enojado) ¿Por qué no me lo dijiste antes?

| Oraciones interrogativas y negativas |

Las oraciones interrogativas se forman así:

¿Ellos   van   al cine hoy?
sujeto   verbo

o

¿Van   ellos   al cine hoy?
verbo   sujeto

y las negativas así:

Ellos   no   van al cine.
sujeto   negación verbo

7. Escribe oraciones interrogativas en la columna 2. Usa ¿qué?, ¿quién/quiénes?, ¿a dónde? ¿cuándo? En la columna 3, escribe una oración negativa.

Ejemplo

1	2	3
Brenda va a la universidad	*¿Quién va a la universidad?*	*Brenda no va a la universidad.*
1. Juan viene a mi casa el jueves.		
2. Ustedes van al teatro el domingo.		
3. Lupe y Brenda juegan ajedrez en la cafetería.		
4. Vamos al cine esta tarde.		
5. Yo juego canasta los domingos.		

6. Nosotros estamos cansados. _____ _____

_____ _____

7. Hoy es 27 de marzo. _____ _____

_____ _____

8. Mi tía vive en la Villa. _____ _____

_____ _____

9. Anna quiere ir al cine. _____ _____

_____ _____

Funciones comunicativas

– Invitar a alguien.

¿Quieres ir a cenar con nosotros al
restaurante?
Te invitamos a desayunar.
¿Qué le parece si vamos al cine?
¿Vamos a bailar el sábado?

– Aceptar una invitación.

Claro, con todo gusto.
¡Sí, vamos!
Desde luego.
Sí, es una buena idea.
De acuerdo.
Sí, sí quiero.
Bueno...

– Rechazar una invitación.

Gracias, pero no me siento bien.
No, no puedo ir.
Lo siento, pero no puedo.
No, gracias. Tengo que estudiar / ir
al aeropuerto / trabajar.

– Agradecer.

Muchas gracias.

– Responder a un agradecimiento.

No hay de qué.
De nada.

– Disculparse.

Discúlpame por llamar tan temprano.

– Responder a una disculpa.

No hay problema.

Pedir / dar la hora

¿Qué hora es?
¿Qué hora tiene, por favor?
¿A qué hora llega el avión?

Son las ocho y media.
Yo tengo las ocho treinta.
A las siete.

8. René habla a casa de Brenda. Escucha.

Ella no está en casa y René le deja un recado en la contestadora.

a) Formula 4 preguntas a partir de la información.

Ejemplo: *¿A qué hora llamó René?*

1. _____

2. _____

3. _____

4. _____

b) Juego de roles.

Brenda habla por teléfono. En parejas tomen el papel de Brenda y de René.

Brenda	René
1. Preguntar por René.	1. Contestar que él habla.
2. Decir que habla Brenda.	2. Saludar a Brenda con gusto. Invitarla a jugar tenis y a la ópera el sábado.
3. Explicar a René que tienes una invitación a cenar en casa de tu amiga Lupe. y que él también está invitado.	3. Tratar de convencer a Brenda de ir a la ópera.
4. Sugerir que pueden jugar tenis. Pero es importante para ti ir a casa de tu amiga. Explicar por qué.	4. Aceptar o rechazar la sugerencia.

c) Lee.

Hola Brenda, habla René. Hoy es 8 de noviembre y son las cuatro y media de la tarde, te hablo para invitarte a jugar tenis el próximo sábado en el Club Alemán.

9. En otra ocasión, Brenda y René deciden salir en la noche. Toma el papel de René o de Brenda. Observa los anuncios de las páginas siguientes y escribe a dónde quieres ir en tu tiempo libre.

René
Tipo de espectáculo

_____

_____

_____

Brenda
Tipo de espectáculo

_____

_____

_____

ME ROBO EL CORAZON (*Stolen Hearts*, Estados Unidos, 1995) de Bill Bennett, con Sandra Bullock, Denis Leary, Stephen Dillane. Luego de robar una valiosa pintura, un ladrón planea un fin de semana con su novia en una exclusiva isla, donde la forma de ser de la pareja desentona entre los sofisticados vacacionistas. CINEMEX SANTA FE.

TRAGEDIA

EDIPO REY. Dir. Jesús García Ramón. Con Floridel Alejandre, Martín Rojas y Francisco Casasola. Edipo recibe la predicción de que va a matar a su padre y tener hijos con su madre e intenta huir de su destino. Teatro Antonio Caso, Reforma 688, Tlatelolco. Viernes y sábado, 18:00 y 20:00; domingo, 17:00 y 19:00 horas. Loc. $40. Adolescentes y adultos. Duración aproximada 80 mins. (Norte)

COMEDIA

ATRAPADAS EN EL ASCENSOR, de Jorge Sánchez de Tagle. Con Walter D'Franco, Celestino Rodríguez y Humberto Manlio. *La Doña, La Alessander y La India María* se quedan atrapadas en un ascensor, antes de llegar al reparto de las Diosas de Plata. Foro Buñuel, Insurgentes Sur 32, Zona Rosa, 592-8224

EL DINERO ME DA RISA, de Ray Cooney. Dir. José Solé. Con Anabel Ferreira, Luis Gimeno y Juan José Nebrada. Enredos que se desatan cuando un joven, por error, se queda con un portafolio que contiene grandes cantidades de dólares. Teatro Tepeyac, Calzada de Guadalupe 497, Estrella, 517-6560. Jueves, 20:30; viernes, 19:00 y 21:30; sábado, 18:00 y 20:30; domingo, 17:00 y 19:30 horas. Loc. $60. Para toda la familia. Duración aproximada 130 mins. Sistema Ticketmaster, 325-9000. Se aceptan tarjetas de crédito. (Norte)

EL SEXO OPUESTO, de David Tristram. Dir. Roberto D'Amico. Con Rebecca Jones, Cecilia Gabriela, Alejandro Camacho y Darío T. Pie. Dos matrimonios jóvenes se reúnen para cenar y convierten la diversión en terapia colectiva. Polifórum Siqueiros, Insurgentes Sur esquina Filadelfia, Nápoles, 536-4520 al 24. Jueves, 20:00, viernes, 19:00 y 21:30; sábado, 18:00 y 20:30; domingo, 18:00 horas. Loc. $60. Adolescentes y adultos. Duración aproximada 90 mins. (Sur)

TOY STORY (*Toy Story*, Estados Unidos, 1995) de John Lasseter. Esta película, cuyo título debería traducirse como *Historia de juguete* en los países de habla hispana, es el primer largometraje hollywoodense de animación producido enteramente en computadora. 90 minutos. PLAZA OBSERVATORIO 2, MOLINO DEL REY, COYOACAN 1, PALACIO CHINO C, PERICENTRO B.

Espectáculos

DRAMA

CUARTETO, de Heiner Müller. Dir. Ludwik Margules. Con Laura Almela y Alvaro Guerrero. Sintetiza las ataduras amorosas, el juego de ser victima y victimario, así como el de las constantes preguntas sobre la existencia y las relaciones de pareja. El Foro, Jalapa 121, Roma, 574-6420. Jueves y viernes, 20:30, sábado, 19:00; domingo, 18:00 horas. Adolescentes y adultos. (Centro)

MUSICALES

CANTANDO BAJO LA LLUVIA. Dir. Rafael López Miarnau. Con Héctor Arroyo, Sergio Ramos, Laura Luz y Lenny Zundel. Teatro Silvia Pinal, Yucatán 150, Roma, 574-3770 y 264-1003. Jueves, 20:00; viernes y sábado, 18:00 y 21:00; domingo, 17:00 y 19:30 horas. Locs. $80, $60 y $40. Para toda la familia. Duración aproximada 130 mins. Sistema Ticketmaster, 325-9000. Acceso para silla de ruedas. (Centro)

Harumi busca direcciones y pasea por la ciudad de México

Contenido temático
Ubicación •

Objetivo de comunicación
Pedir y dar información sobre ubicación •
Dar instrucciones para llegar a un lugar •
Preguntar sobre la existencia de un lugar •

Contenido lingüístico
Verbo estar •
Verbos regulares en presente de indicativo •
Verbos irregulares en presente de indicativo •
Preposiciones a, de, en, con •
Haber (impersonal) •

Vocabulario
Lugares y actividades

1. Escucha los diálogos y marca el lugar en el mapa, para a, b y c.

Mapa a

¿En dónde está la casa de la familia Suárez?

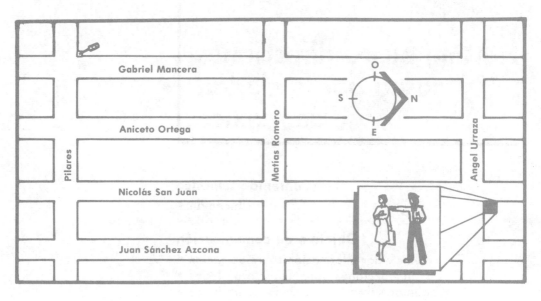

Mapa b

¿En dónde está el correo?

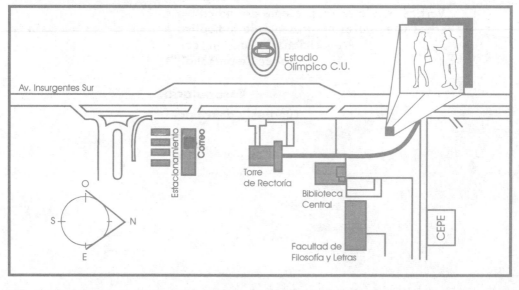

Mapa c

¿En dónde está la casa de Harumi?

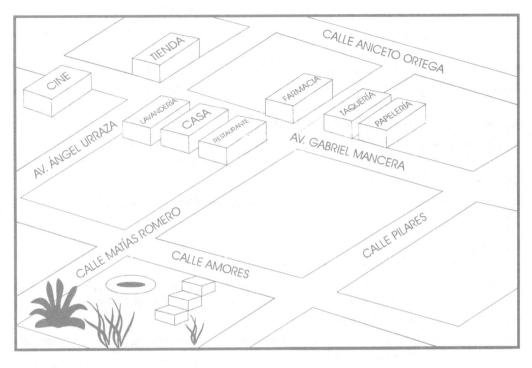

CALLE ANICETO ORTEGA

TIENDA

CINE

FARMACIA

LAVANDERÍA

CASA

TAQUERÍA

PAPELERÍA

RESTAURANTE

AV. ÁNGEL URRAZA

AV. GABRIEL MANCERA

CALLE MATÍAS ROMERO

CALLE AMORES

CALLE PILARES

Ahora lee las conversaciones y verifica tus respuestas. Practícalas con tus compañeros en clase.

Conversación A

Harumi, estudiante japonesa.　　　　　**Un señor que va por la calle.**

Harumi:　　–Disculpe, señor. ¿En dónde queda esta dirección? (Le enseña este papel.)

> *Dirección Familia Suárez*
>
> *Gabriel Mancera 1164*
>
> *Col. del Valle*
>
> *México D.F.*

Señor:	—¿Gabriel Mancera 1164? ¿A qué altura?

Señor: —¿Gabriel Mancera 1164? ¿A qué altura?

Harumi: —Creo que es casi esquina con Pilares.

Señor: —¿Pilares? Ah, entonces está usted muy cerca. Camine dos cuadras de frente para allá, hacia el sur, y dos pequeñas cuadras a la derecha, hacia el oeste. En esa esquina, hay un semáforo. Esa calle es Gabriel Mancera. Ahí busque el número.

Harumi: —A ver... no, no entiendo bien: ¿camino dos cuadras para allá?

Señor: —Sí, y esa calle es Pilares. Entonces, dos cuadras a la derecha es Gabriel Mancera.

Harumi: —Ah, ahora sí entiendo. Bien, muchas gracias.

Señor: —De nada. Adiós.

Conversación B

Harumi, estudiante japonesa.   **Francisco, estudiante de medicina.**

Harumi: —Disculpa, ¿en dónde hay un correo por aquí?

Francisco: —¿Un correo?

Harumi: —Sí, para mandar unas cartas.

Francisco: —Ah, sí. Pues... camina para allá, hacia el sur. Después de la torre de rectoría hay muchos comercios de un lado. Ahí está el correo.

Harumi: —¿Está cerca o lejos?

Francisco: —Está cerca, como a cinco minutos caminando. Si quieres yo te acompaño. Ahorita ya terminé mis clases.

Harumi: —Bueno, gracias.

Conversación C

Camino al correo, Harumi y Francisco platican.

Francisco: —¿Eres de aquí?

Harumi: —No.

Francisco: —¿De dónde vienes?

Harumi: —Soy de Japón. ¿Tú eres mexicano?

Francisco: —Sí, pero no soy del Distrito Federal. Soy del estado de Veracruz.

Harumi: —¿Es bonito por allá?

Francisco: —Sí, ¡cómo no! Hay playas, y es un lugar muy tranquilo. ¿Y en dónde vives aquí en México?

Harumi: —En casa de una amiga, en una buena colonia que tiene de todo.

Francisco: —¿Me puedes dar tu dirección? Para visitarte.

Harumi: —Bueno. Es Gabriel Mancera 1164, en la colonia del Valle.

Francisco: —¡Déjame escribirlo!... ¿Y dices que tiene de todo?

Harumi: —Sí, junto a la casa de mi amiga, del lado izquierdo, está una lavandería... del lado derecho hay un restaurante, enfrente hay una farmacia. Y ahí, muy cerca, también hay una tienda de abarrotes, un cine... y otras cosas.

Francisco: —¡Ah, ya veo! Está muy bien ubicado.
Harumi: —Sí, así es. ¡Es muy cómodo!

2. Contesta las siguientes preguntas. Usa el mapa c.

1. ¿Qué está enfrente del cine?

   en la caje Gabriel Mancera avenida

2. ¿Qué está entre la lavandería y el restaurante?

   En la Calle Gabriel Mancera avenida

3. ¿Qué está entre la farmacia y la taquería?

   en la(caje Calle Matias Romero

4. ¿Qué hay a un lado de la taquería?

   en la (caja) Gabriel Mancera avenida

5. ¿Entre qué calles está el jardín?

   en la (caja) Calle Amores Calle.

6. ¿En qué esquina está el restaurante?

   en la(caja) Gabriel Mancera avenida

7. ¿Entre qué calles está la calle de Amores?

   en la (caja) jardin.

8. ¿En qué esquina está la farmacia?

   en la (caja) Gabriel Mancera avenida

9. ¿Qué está junto a la papelería?

   en la (caja) calle Pilares.

10. ¿En dónde está la tienda?

   En la (caja) Angel urraza avenida

H.W.

3. Relaciona los números con las letras.

Personas y actividades   Lugares

1. El estudiante estudia en *el hospital la bibl~~io~~teca*   a) la biblioteca

2. El doctor trabaja en *el hospital*   b) la farmacia

3. El turista se hospeda en *el hotel*   ~~c~~) el mercado

4. La señora compra la comida en *el super marcad*   d) el supermercado

5. El señor compra medicinas en *la farmacia*   ~~e~~) el restaurante

6. Los oficinistas comen en *el mercado*   ~~f~~) el museo

7. Los niños juegan en *el parque*   ~~g~~) el parque *Park*

8. En *la lavandería* lavan la ropa sucia.   ~~h~~) el hotel

9. La sirvienta compra diario las tortillas en   ~~i~~) la iglesia
   la ~~tortillería~~ tortillería   ~~j~~) la lavandería

10. El extranjero compra timbres para sus cartas en   ~~k~~) el correo
    el correo   ~~l~~) el hospital

11. El niño compra refrescos y dulces en *la tienda*   ~~l~~) la taquería

12. Los visitantes conocen la historia del país en   ~~m~~) la tienda
    el museo   ~~n~~) la panadería

13. La familia compra diario el pan en *la panadería*   ~~ñ~~) la tortillería

14. El sacerdote da misa en ~~la biblioteca~~
    la iglesia

15. Los jóvenes comen tacos en *el restaurante*

    la taquería

4. a) Trabaja con un compañero, uno toma el papel de A y el otro el de B. El estudiante A sólo puede ver el mapa a, y el estudiante B sólo puede ver el mapa b.

La familia Sánchez tiene una casa en Chamilpa, e invita a Harumi a pasar allá el fin de semana. La casa está en el norte de la ciudad de Cuernavaca, en el estado de Morelos (aproximadamente a 1 hora de la ciudad de México).

Utiliza palabras como: enfrente de, a la izquierda, al lado de,
a la derecha, etc.

y preguntas como: ¿Dónde está?, ¿qué hay?, etc.

b) Después, escriban estas preguntas y respuestas en su cuaderno.

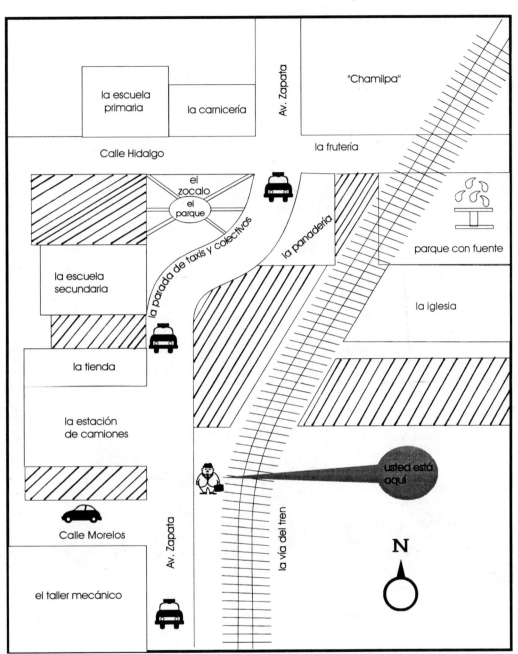

Solicita a tu compañero la información para señalar en tu mapa: el supermercado, la cafetería...

¿En dónde está... el supermercado?   la oficina de gobierno?
                   la cafetería?   la tortillería?
                   el hospital?   la peluquería?

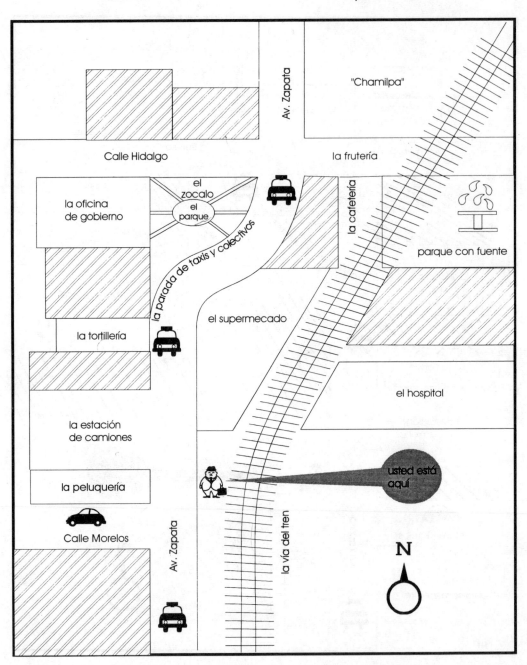

Pregunta a tu compañero dónde se localizan los siguientes lugares:

¿En dónde está... la panadería?   la escuela primaria?   la iglesia?
                 la carnicería?   la escuela secundaria?   la tienda?
                 el taller mecánico?

5. a) Contesta estas preguntas. Ve el mapa de Chamilpa.

1. ¿En dónde está el zócalo? ~~está~~ por la
~~en la caja~~ *calle Hidalgo, enfrente de la oficina de gobierno*

2. ¿Está la cafetería enfrente de la tortillería? *No, la frutería esta enfrente*
~~en la caja~~ ~~Avenida Zapata~~ *de la ~~fruta~~ cafetería*

3. ¿Sólo hay un parque en Chamilpa?
Sí, sólo hay un parque

4. ¿En dónde está el taller mecánico?
No hay un taller mecánico

5. ¿En dónde está la parada de taxis y colectivos?
está por la Avenida Zapata

b) Sustituye la siguiente información para formar diferentes diálogos.

nevería -	en el zócalo
alimentos -	en el supermercado
mariachis -	en el zócalo

Tomen el papel de Harumi y de Margarita.

c) Completa los siguientes diálogos.

¿En dónde hay un correo?

No, aquí no hay. Tenemos que ir al zócalo de Cuernavaca

1. Van a venir unos amigos de Margarita a comer, y ella quiere ir a comprar algo para hacer tacos en el jardín.

Margarita: —Harumi, ¿me acompañas a comprar carne y tortillas?

Harumi: —¿_____ la carne?

Margarita: —En _____.

Harumi: —¿_____ está?

Margarita: —En la esquina, frente al zócalo.

Harumi: —¿Y la tortillería?

Margarita: —_____

2. La señora Suárez invita a Harumi a oír misa en la iglesia el domingo en la mañana.

Harumi:	–Sí, voy con usted, señora. Gracias por invitarme.
Señora Suárez:	–¿Quieres ir a pie o en coche?
Harumi:	–¿_____?
Señora Suárez:	–No, está muy cerca. Está cerca del zócalo, atrás del supermercado, del otro lado de la vía.
Harumi:	–Ah, entonces vamos _____.

3. Harumi quiere entrevistar al presidente municipal para escribir un artículo en su periódico local en Japón.

Harumi:	–¿_____ el presidente municipal?
Margarita:	–Trabaja en la oficina de gobierno.
Harumi:	–¿Y dónde _____ esa oficina?
Margarita:	–_____.

Vocabulario

Transporte   metro   coche   camión   trolebús   taxi   colectivo

bicicleta   pesero

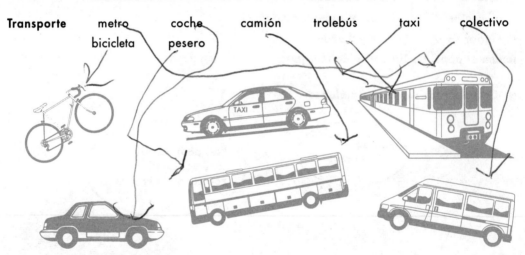

6. Canción: "San Luis Potosí".
   Haz los siguientes ejercicios.

a) **Preguntas preliminares:**

A

1. ¿Conoces algo de la música mexicana? Sí (   ) No (   ) ¿Qué?

_____

2. ¿Conoces la música de "mariachis"? ¿Cómo es?

_____

B

1. ¿Conoces México? Sí ( ) No ( ) Un poco ( )

2. ¿Sabes cuántos estados tiene la República Mexicana? Sí ( ), son (número) _____ ,
   No ( ).

3. ¿Puedes escribir el nombre de algunos estados?

_____

_____

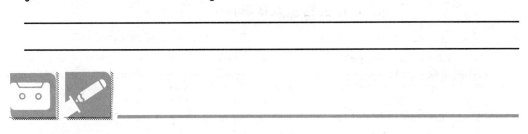

b) **Escucha y canta la canción: "San Luis Potosí".**

c) **Contesta estas preguntas:**

1. ¿En dónde está el estado de San Luis Potosí?

_____

2. Escribe junto al nombre de cada estado un número del 1 al 9, según la secuencia con
   que aparezca en la canción.

_____	Tamaulipas	_____	Guanajuato
_____	Querétaro	_____	Hidalgo
_____	Aguascalientes	_____	Nuevo León
_____	Zacatecas	_____	Jalisco
_____	Coahuila		

d) Lee y verifica tus respuestas.

"San Luis Potosí"

Yo soy de San Luis Potosí,
es mi barrio San Miguelito,
del centro de México soy,
soy por Dios, corazón solito.

Yo soy de San Luis Potosí,
el nopal dibujo enterito,
¿en dónde manito?
donde el águila paró,
y su estampa dibujó
en el lienzo tricolor.

Vecino de diez estados
de Nuevo León y
Querétaro y Jalisco Soberano.
Del alegre Aguascalientes...
del alegre Aguascalientes
que es famoso en deshilado.

A su feria de San Marcos...
a su feria de San Marcos,
voy contento año tras año.

Buen amigo es Guanajuato...
buen amigo es Guanajuato,
colonial y gran soldado,

Ay la ra ra ra,
Ay la ra ra ra,

Vecino de Tamaulipas,
de Coahuila y Zacatecas,
como Hidalgo y Veracruz,
San Luis tiene sus Huastecas.
Y por eso con orgullo digo compadre,
yo soy de San Luis Potosí,
el nopal dibujo enterito,
¿en dónde manito?
donde el águila paró,
y su estampa dibujó
en el lienzo tricolor.

Yo soy de San Luis Potosí,
de San Luis Potosí.

e) ¿Conoces las abreviaturas de los estados?

¿Qué es...? Escribe el nombre completo en la línea.

Qro. _Quintana Roo_

Gto. _Guanajuato_

SLP _San Luis Potosi_

Coah. _Coahuila_

NL _Nuevo León_

Col. _Colima_

Hgo. _Hidalgo_

Ags. _Aguascalientes_

Tamps. _Tamaulipas_

Zac. _Zacatecas_

Jal. _Jalisco_

Chih. _Chihuahua_

f) En el mapa de la República Mexicana, ve en dónde están estos estados.

De acuerdo con la canción, localiza los estados vecinos al estado de San Luis Potosí.

7. Repite los nombres de los estados de la República, con sus capitales.

Estado	Capital	Estado	Capital
1. Aguascalientes	Aguascalientes	17. Nayarit	Tepic
2. Baja California Norte	Mexicali	18. Nuevo León	Monterrey
3. Baja California Sur	La Paz	19. Oaxaca	Oaxaca
4. Campeche	Campeche	20. Puebla	Puebla
5. Coahuila	Saltillo	21. Querétaro	Querétaro
6. Colima	Colima	22. Quintana Roo	Chetumal
7. Chiapas	Tuxtla Gutiérrez	23. San Luis Potosí	San Luis Potosí
8. Chihuahua	Chihuahua	24. Sinaloa	Culiacán
9. Durango	Durango	25. Sonora	Hermosillo
10. Estado de México	Toluca	26. Tabasco	Villahermosa
11. Guanajuato	Guanajuato	27. Tamaulipas	Ciudad Victoria
12. Guerrero	Chilpancingo	28. Tlaxcala	Tlaxcala
13. Hidalgo	Pachuca	29. Veracruz	Jalapa
14. Jalisco	Guadalajara	30. Yucatán	Mérida
15. Michoacán	Morelia	31. Zacatecas	Zacatecas
16. Morelos	Cuernavaca	Un Distrito Federal	

8. Contesta estas preguntas.

1. ¿Cuántos estados hay en la península de Yucatán? _____ ¿Cuáles son?

_____

2. ¿Qué países son los vecinos de México?
   En el norte, _____

   En el sur, _____

3. ¿Cuántos estados están en la frontera Norte? _____ ¿Cuáles son?

_____

4. ¿Cuántos estados están en la frontera Sur? _____.
   ¿Cuáles colindan con Belice? _____

   ¿Cuáles colindan con Guatemala? _____

5. ¿Qué estados están en el litoral del Golfo de México?

_____

6. ¿Cuántos estados hay en la Península de Baja California? _____ ¿Cuáles son?

_____

7. ¿En dónde está el estado de Zacatecas?

_____

8. ¿Qué estados están en el litoral del Océano Pacífico?

_____

9. ¿Está el estado de Veracruz al oeste del Distrito Federal?

_____
_____

9. Haz preguntas a tus compañeros acerca del mapa.

Platica con tus compañeros.

a) ¿Qué lugares (ciudades, playas, etc.) de la República conoces? ¿En qué estados están?

_____
_____
_____

10. Observa el mapa del metro de la ciudad de México en la página siguiente y contesta estas preguntas.

1. ¿En qué línea está la estación Zócalo?

_____

2. ¿En dónde está la estación Tlatelolco?

_____

3. ¿Está la estación Tasqueña al sur de la ciudad?

_____

4. ¿Está la estación Insurgentes entre Sevilla y Chapultepec?

_____

5. ¿Está la línea 6 del metro al sur de la ciudad?

_____

a) **Haz más preguntas a tus compañeros.**

b) **Escribe aquí siete preguntas, y que otro compañero las conteste.**

1. ¿   ?

_____

2. ¿   ?

_____

3. ¿   ?

_____

4. ¿   ?

_____

5. ¿   ?

_____

6. ¿   ?

_____

7. ¿   ?

_____

SISTEMA DE TRANSPORTE COLECTIVO
RED DEL METRO
CIUDAD DE MEXICO

SISTEMA
DE TRANSPORTE
COLECTIVO

CIUDAD DE
MEXICO
DDF

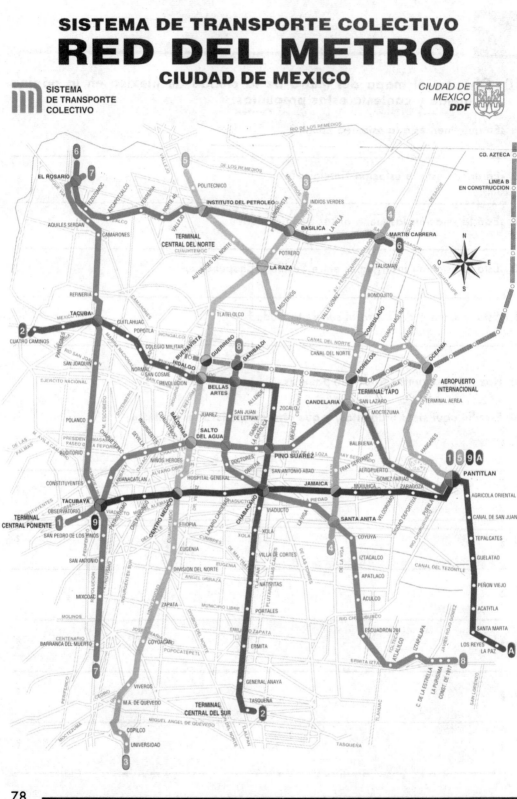

11. a) Lee el siguiente diálogo.

Harumi pasea por la ciudad. Quiere ir al Centro y pregunta a un policía cómo llegar. (Está en la estación Chapultepec, línea color rosa.)

Harumi: –Disculpe, oficial. ¿En dónde está la catedral de México?

Oficial: –En el zócalo.

Harumi: –¿Y cómo llego allá?

Oficial: –Puede ir en camión, en metro o en taxi. Es mucho más fácil y rápido en metro.

Harumi: –¿Qué línea tomo?

Oficial: –La línea 2, color azul, y se baja en la estación Zócalo.

Harumi: –¿En dónde? ¿Me puede deletrear esa palabra?

Oficial: –Sí, zócalo: zeta - o - ce - a - ele - o

Harumi: –Bien, gracias. Es usted muy amable.

Oficial: –De nada. Para servirle, señorita.

b) Contesta las preguntas:

1. ¿En dónde está Harumi? _____

2. ¿Con quién habla? _____

3. ¿Cómo puede llegar al zócalo?_____

4. ¿Qué número es la línea color azul? _____

5. ¿En dónde se tiene que bajar Harumi? _____

c) Haz un diálogo similar con tus compañeros usando lo siguiente:

Estás en...   Quieres llegar a...

Chapultepec   Basílica

Ciudad Universitaria   Aeropuerto

Estudia.

> **El verbo ESTAR también se usa para:**
> - Ubicar personas.
> - Indicar localización (¿en dónde?)
> - Expresar colocación de cosas (con preposiciones).
> - Expresar los puntos cardinales.
>
> **Hay verbos que cuando van acompañados de la preposición <u>en</u> indican ubicación.**
>
> Vivo <u>en</u> un departamento.
> Estoy <u>en</u> el salón de clase.
> Tomo el camión <u>en</u> la esquina.
> El CEPE está <u>en</u> Avenida Universidad.
>
> **– La preposición <u>en</u> también nos sirve para expresar el medio de transporte.**
>
> <u>En</u> metro, <u>en</u> pesero, <u>en</u> tren, <u>en</u> avión.
>
> **Hay verbos que cuando van acompañados de la preposición <u>a</u> o <u>de</u> expresan movimiento.**
>
> **– Con la preposición <u>de</u> expresan procedencia:**
>
> venir de   vengo <u>de</u> Japón.
> traer de   Marta trae el queso <u>de</u> Querétaro.
>
> **– Encontramos la preposición <u>a</u> en la frase <u>a</u> pie.**
>
> ¿Quieres ir <u>a</u> pie o en coche?
>
> **– Con la preposición <u>a</u> expresan destino.**
>
> ir a   Voy <u>a</u> la escuela en metro.
> llevar a   Luis lleva la carta <u>a</u> la oficina de correo en bicicleta.
> viajar a   Pedro viaja <u>a</u> Chetumal cada quince días.
> llegar a   Él llega tarde <u>a</u> casa.
>
> **La preposición <u>con</u> la usamos para expresar compañía.**
>
> Vivo <u>con</u> mis abuelos.

El niño está dentro de la casa

La mujer está a la izquierda
El hombre está a la derecha

El vaso está atrás
del reloj

La niña está afuera
de la casa

La taza está enfrente del reloj

El gato está abajo de la mesa

El niño va en bicicleta

Forma impersonal del verbo haber: HAY

– **Expresa existencia.**

– **Se usa para singular y plural.**

– **Para expresar negación, ésta se coloca antes.**

Ejemplo: Hay un mercado cerca de aquí.

Hay muchos árboles en el parque.

No hay muchas flores en el jardín.

No hay personas en la escuela.

Conjugaciones en presente de indicativo

Verbos regulares			Verbos irregulares		
llevar	**viajar**	**llegar**	**ir**	**venir**	**traer**
llevo	viajo	llego	voy	vengo	traigo
llevas	viajas	llegas	vas	vienes	traes
lleva	viaja	llega	va	viene	trae
llevamos	viajamos	llegamos	vamos	venimos	traemos
llevan	viajan	llegan	van	vienen	traen
llevan	viajan	llegan	van	vienen	traen

12. Lee los siguientes textos y llena la información en los cuadros.

1. Jaime Torres es plomero, tiene 34 años y vive en la colonia Pantitlán. Todos los días va de su casa a su trabajo en el centro de la ciudad, en camión y a pie.

2. La señora Dulce Ruiz es violinista. Toca en una orquesta sinfónica. Tiene ensayos todos los días de 8:30 a 12:30 horas, y en la tarde da clases particulares, en su casa. En las mañanas, sale de su casa en la colonia Narvarte, a las 8 a.m., y se va al Palacio de Bellas Artes en metro.

3. El licenciado Arturo Aguilar es abogado, casado, tiene tres hijos y vive en una casa colonial en San Angel Inn. Todos los días sale de su casa a las 10 de la mañana y va al juzgado, que queda cerca de la estación Niños Héroes. Siempre va en coche, porque no le gusta ir en metro.

nombre	profesión	hora de salida	procedencia	destino	transporte
1. Jaime Torres	Plomero	no time	la colonia Pantitlán	trabajo	Camión
2. Dulce Ruiz	Violinista	8:30 a 12:30	Clases Particulares	Narvarte	metro
3. Arturo Aguilar	abogado	10 de la mañana va al Juzgado	San Angel Inn	Niños Héroes	metro

13. Lee los ejemplos y escribe en el paréntesis (   ) la letra que corresponda al uso de la preposición.

1. La preposición <u>A</u> se usa para: (   )
   Los niños van a la escuela.
   Los políticos van a la ONU.

   a) Ubicación

2. La preposición <u>DE</u> (<u>DEL</u>) se usa para: (   )
   Las enfermeras salen del hospital a las 7:00 a.m.
   El avión despega de la ciudad de México a las 5:32 horas.

   b) Destino

   c) Procedencia

3. La preposición <u>EN</u> se usa para: (   )
   El doctor manda las vacunas en avión.
   Harumi va al zócalo en metro.

   d) Transporte

4. La preposición <u>CON</u> se usa para: (   )
   La mamá va con su hijo a la escuela.
   El abogado está de acuerdo con los jueces.

   e) Compañía

5. La preposición <u>EN</u> se usa para: (   )
   Soy de Corea, ahora estoy en México.
   Ella vive en la calle Estrella.

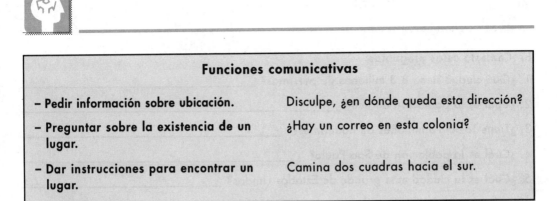

Funciones comunicativas

– Pedir información sobre ubicación.	Disculpe, ¿en dónde queda esta dirección?
– Preguntar sobre la existencia de un lugar.	¿Hay un correo en esta colonia?
– Dar instrucciones para encontrar un lugar.	Camina dos cuadras hacia el sur.

14. Ve esta gráfica, contiene información de las ciudades más grandes del mundo.

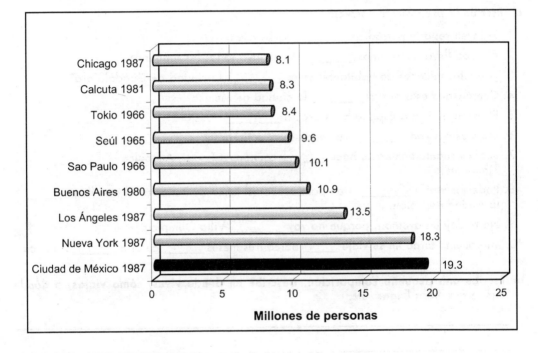

Chicago 1987 — 8.1
Calcuta 1981 — 8.3
Tokio 1966 — 8.4
Seúl 1965 — 9.6
Sao Paulo 1966 — 10.1
Buenos Aires 1980 — 10.9
Los Ángeles 1987 — 13.5
Nueva York 1987 — 18.3
Ciudad de México 1987 — 19.3

Millones de personas

a) **Haz preguntas a tus compañeros.**

Ejemplo: ¿Cuántos habitantes tiene la ciudad de Tokio?

¿Cuántos habitantes tiene la ciudad de _____?

¿Qué población tiene la ciudad de _____?

b) Contesta estas preguntas:

1. ¿Qué ciudad tiene 8.3 millones de personas? _____

2. ¿Cuál es la población de Seúl? _____

3. ¿Tiene Tokio 10 millones de habitantes? _____

4. ¿Cuál es la población de Sao Paulo? _____

5. ¿Cuál es la ciudad más grande de Estados Unidos? _____

15. Ejercicios de repaso.

a) Escribe la preposición correcta.

1. El joven reparte periódico _____ su bicicleta.

2. El papá lleva a sus niños _____ la escuela todas las mañanas.

3. ¿Cuántos millones de habitantes viven _____ la ciudad de Guadalajara?

4. Cuernavaca está al sur _____ la ciudad de México.

5. El avión que va a España hace escala _____ Houston.

6. Los músicos van _____ sus esposas a la fiesta.

7. ¿Sabes cuánto tiempo se hace _____ camión _____ Acapulco _____ Zihuatanejo?

8. Podemos viajar _____ tren para cruzar el Istmo de Panamá. El tren llega _____ la ciudad de Colón.

9. No te doy un aventón, porque no voy _____ Villa Olímpica.

10. Mi abuelita tardó en su viaje _____ barco tres meses _____ Europa _____ América.

b) Escribe una pequeña composición. Describe en dónde vives, cómo viajas, a dónde vas, a qué hora llegas, etc.

_____

_____

_____

c) Escribe las preguntas.

1. ¿_____?

    A las 7 de la noche.

2. ¿_____?

    En la colonia Polanco.

3. ¿_____?

María ¿y tú?

4. ¿_____?

Nada, descanso.

5. ¿_____?

No, gracias.

d) Lee el siguiente texto y escribe las preposiciones.

Roberto Flores tiene 49 años. Es el chofer del señor López, que tiene una compañía de exportación de artesanía mexicana. Roberto tiene mucho trabajo hoy. Tiene que ir a las 7:30 a.m. a recoger al señor López _____ su departamento en el sur de la ciudad, y lo lleva _____ las 8:00 a.m. _____ la Embajada Japonesa, _____ la Avenida Reforma. A las 11:00 a.m. lo lleva _____ su oficina en la Zona Rosa. Después, Roberto va _____ metro _____ la estación Insurgentes _____ la estación Bellas Artes, a mandar unas cartas y paquetes urgentes al Correo Central, y regresa a la oficina. A las 7:00 p.m. lleva al señor López _____ una fiesta _____ el hotel María Isabel Sheraton. A las 2:00 a.m. lo regresa _____ coche a su departamento. Roberto Flores está muy cansado. A las 3:00 a.m. va _____ su casa _____ taxi, no _____ metro.

Ahora llena el cuadro con la información anterior.

Hora	Procedencia (de)	Destino (a)	Transporte (en)
7:30 a.m.	de su departamento en el sur	a la Embajada japonesa en la Av. Reforma	en coche
	de la Embajada japonesa		
Después	de la Zona Rosa, estación Insurgentes		
			en coche
		a su departamento	
3:00 a.m.		a su casa	

e) Escribe la preposición correcta: <u>a</u>, <u>de</u>, <u>en</u>, <u>con</u>.

1. ¿ _____ dónde guarda el dinero?

2. Dulce no puede venir a cenar _____ mi casa porque tiene un concierto.

3. Harumi vive _____ la colonia del valle.

4. En Navidad, Harumi va a visitar a sus padres _____ Japón.

5. Anna es _____ Italia y ahora vive _____ México.

6. Harumi vive _____ una familia mexicana.

7. El niño va _____ su bicicleta _____ la tienda.

8. Roberto Flores no trabaja _____ una embajada, sino _____ una compañía exportadora.

9. Anna va _____ Pepe y Juan a tomar un café.

10. ¿ _____ qué país es este bonito florero?

f) Hagan un juego de roles con las siguientes funciones comunicativas.

Pepe	Harumi
Preguntar por su nombre	Contestar
Presentarse	Contestar
Preguntar nacionalidad	Contestar
Preguntar si conoce a Anna de la clase de cerámica	Decir que no entiende
Repetir la pregunta	Negar conocerla
Invitarla a tomar un café	Negarse por falta de tiempo
Invitarla al ballet folclórico en Bellas Artes el próximo sábado a las 7 p.m.	Aceptar
Preguntar su dirección	Darle tu dirección
Preguntar cómo llega ahí	Darle explicaciones
Preguntar a qué hora la recoge	Decir 6 de la tarde
Despedirse	Despedirse

En busca de alojamiento

Contenido temático
Juan busca alojamiento •

Objetivo de comunicación
Expresar preferencia •
Identificar •
Aceptar/rechazar •
Pedir/dar información •
Pedir/dar opinión •
Sugerir •

Contenido lingüístico
El adjetivo calificativo •
Los adjetivos demostrativos •

Vocabulario
La casa y su mobiliario
Los colores
Los números ordinales

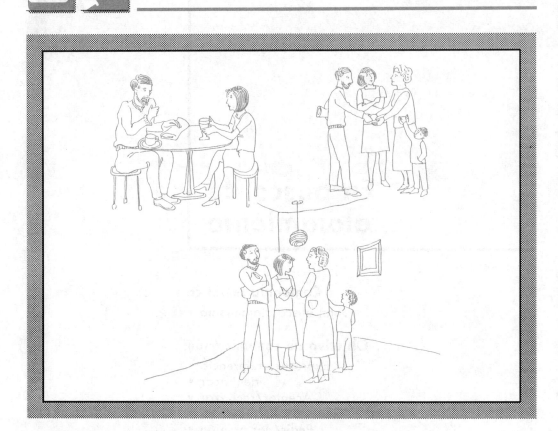

1. a) Escucha los siguientes diálogos y marca la opción correcta.

1. Juan vive ahora
   ( ) con una familia mexicana.
   ( ) en un departamento.
   (✓) en un hotel.

2. Juan quiere
   ( ) vivir en un hotel.
   (✓) vivir con una familia mexicana.
   ( ) vivir solo en una casa grande.

3. La señora Martínez
   (✓) renta una recámara con todos los servicios.
   ( ) anuncia un departamento con todos los servicios.
   ( ) renta una casa con todos los servicios.

4. A Juan le gusta el lugar porque
   ( ) es muy grande.
   ( ) es lujoso.
   (✓) está cerca de la Universidad.

5. Para Juan, la renta en ese lugar es
(✓) un poco cara.
(   ) muy cara.
(   ) barata.

6. Juan
(   ) acepta rentar la recámara.
(✓) no sabe si puede rentar la recámara.
(✓) definitivamente no puede rentar la recámara.

b) Ahora, lee el diálogo y verifica tus respuestas.

Diálogo 1

María, estudiante mexicana; Juan, estudiante canadiense.

María: –Oye Juan, ¿dónde vives?

Juan: –Por ahora vivo en un hotel, pero necesito encontrar un cuarto con una familia mexicana.

María: –Es buena tu idea, porque así tienes más oportunidad de hablar español.

Juan: –Pero... ¿dónde puedo buscar un cuarto?

María: –Hay anuncios en el periódico de alquiler de cuartos, recámaras, departamentos amueblados, etcétera.

Juan: –María, ¿puedes acompañarme a ver un lugar?

María: –¡Sí, cómo no! Es muy importante ver el lugar, las comunicaciones que tiene, etcétera.

Diálogo 2

María y Juan llegan a una casa en donde anuncian una recámara.

María: –Buenos días, ¿es usted la señora Martínez?

Señora: –Sí, buenos días, señorita. A sus órdenes.

María: –Señora, mi amigo Juan quiere ver la recámara que anuncia usted.

Señora: –Sí, joven, pase.

Diálogo 3

Después de ver la recámara.

Juan: –Señora, me gusta la recámara y el lugar está cerca de la UNAM. ¿Qué transporte pasa cerca?, ¿cómo puedo llegar de aquí a la Universidad?

Señora: –Mira, la estación del metro está cerca: hay que seguir tres cuadras de frente y una a la derecha. También, hay camiones por esa calle.

Juan: –Sí, señora, está bien. ¿Cuánto renta la recámara por mes y qué servicios hay?

Señora: –El cuarto con ropa de cama, desayuno, baño con agua caliente y el uso de la cocina, es de 200 dólares por mes.

Juan:	—Señora, el precio es un poco alto para mí.
Señora:	—Joven, no es caro, porque el precio de la vida es alto.
Juan:	—Señora, voy a pensarlo y la llamo por teléfono.
Sra.:	—Adiós, muchachos.

c) **Pregunta a tus compañeros sobre el tema anterior. Sustituye y practica. Utiliza preguntas como: ¿dónde vives?, ¿dónde está...?, ¿cuánto pagas?, ¿qué servicios tiene?, ¿qué transporte usas?, etcétera.**

Ejemplo: A: —¿Dónde vives?

B: —Vivo en un hotel cerca del centro de la ciudad. Es un edificio muy alto. Yo vivo en el octavo piso. Tengo una vista muy hermosa.

A: —¿Cómo es tu cuarto de hotel?

B: —Es bonito, grande y cómodo. No es muy caro, pero prefiero vivir con una familia mexicana. Así puedo practicar más el español.

2. a) Pon el número correspondiente en el paréntesis.

1. Quiero alquilar un cuarto con otro estudiante.

2. Me interesa un lugar bien ubicado.

3. Deseo practicar el español con la familia.

4. Un grupo de estudiantes desea rentar un departamento para compartir gastos.

5. Necesito una recámara grande de precio económico.

( ) Recámara amplia, con todos los servicios. Barata.

( ) Familia mexicana con buena disposición para practicar el español.

( ) Lugar muy comunicado cerca de la estación del metro.

( ) Extranjero desea compartir cuarto con otro estudiante, de preferencia mexicano.

( ) Departamento de dos recámaras, dos baños y todos los servicios.

b) **Escribe a continuación ¿cuál sería el alojamiento ideal para ti?**

_____

_____

_____

_____

_____

3. Lee la sección de "Anuncios clasificados" del periódico.

Alq. Departamentos y Condominios

A. Colonia Del Valle. Bonito, duplex, 4 recámaras. Uvas 12. 545-40-57.

A. Cuauhtémoc. Rento bonito, departamento, 2 recámaras, conserje. Enseña 545-48-48.

A. Mudanzas locales, foráneas, economiquísimas. Puebla- Tlaxcala. $650.00. 558-09-12, 389-61-51.

A. Viaducto Piedad. Departamento, 3 recámaras. Sur 69 "A". No. 3148. Departamento 202. Portera enseña. 545-48-48.

AAA. Alquilo departamento una recámara, teléfono, $1,000.00. Av. Morelos esquina Troncoso, Metro Mixhuca. 654-74-58.

AAA. APARTAMENTOS CERCA EMBAJADA AMERICANA; GUADALQUIVIR 61, DOS RECAMARAS. ESTACIONAMIENTO, ELEVADOR, SERVICIO, COMO NUEVO. $3,000. INFORMA CONSERJE ó 250-84-73 (TARDES).

AAA. Departamentos, una recámara, Narvarte. $1,200.00. Obrera $1,020.00. Dos recámaras, Narvarte $2,150.00. 543-81-40.

7 ALQUILER CUARTOS AMUEBLADOS

AMUEBLADA. Bonita recámara compartida para señoritas. $550.00 cada una. Insurgentes Sur, colonia Tlalpan. 573-76-82.

AMUEBLADA COMPARTIDA, PARA DAMAS, CABALLEROS, $250 MENSUALES. MARCELINO DAVALOS 8, SEGUNDO ISO, COL. ALGARIN, METRO CHABACANO.

AMUEBLADA recámara, caballero, compartida, teléfono, lavado de ropa, desayuno. Metro Etiopia. 639-62-92.

AMUEBLADO, compartido, para señoritas, $175.00 quincenales, derecho cocina, teléfono, agua caliente permanente, cerca Metro· Tasqueña, literas. 618-88-71.

AMUEBLADO, independiente, todos servicios, pago semanal, no deposito. Iglesias 47, Metro Revolución.

AMUEBLADO, individual, casa particular, metro Villa, Basílica, persona honorable. 781-03-68.

AMUEBLADOS, compartidos, çaballeros honorables, $195.00 quincenales, sin depósito, Metro Tasqueña. 544-11-82, 549-38-42.

AMUEBLADOS; ECONÓMICOS, INDEPENDIENTES, CENTRICOS, UNA CUADRA PASEO REFORMA, INSURGENTES. EZEQUIEL MONTES 126.

ANZURES, recámara amueblada, para señorita, en departamento de mujeres. 250-10-19.

Alquiler Apartamentos y Casas Amuebladas

A.A. Acogedor. Deptos., amueblados, 1 recámara, sala, comedor, cocina, baño, magnifica ubicación. Av. San Antonio 132, Nápoles. 598-17-14, $444.00. semanal.

AAA. Colonia Tabacalera Paris 10. $1,200.00. Suites amuebladas. 591-09-37, 546-24-87.

AAA. Suites Havre, servicios hotel. Desde $2,626 mensuales. Havre 74. 533-56-70.

AGRADABLES departamento, amuebladas. Alzate 10, Santa María Ribera. Media cuadra Insurgentes. Promoción $360.00 semanales. 547-95-39.

ALQUILO departamento dos recámaras. Obrero Mundial y Adolfo Prieto No. 1, 2o piso a un paso Insurgentes.

AMUEBLADOS, céntricos, servicio hotel. Insurgentes No. 32, esquina Edison, $1,250, $1,500.

AMUEBLADOS, céntricos, servicio hotel. Pedro Baranda 8, por Monumento Revolución. $1,500.

• PEDREGAL DEL LAGO

Pent-House, dos niveles,
3 recámaras con closet y baños,
estacionamiento de visitas.
VIGILANCIA 24 HRS.

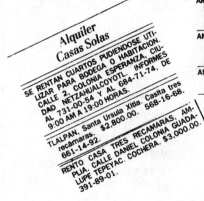

Alquiler Casas Solas

SE RENTAN CUARTOS PUDIENDOSE UTILIZAR PARA BODEGA O HABITACION. CALLE 2, COLONIA ESPERANZA, CIUDAD NETZAHUALCOYOTL. INFORMES AL 731-00-54 Y AL 684-71-74, DE 9:00 AM A 19:00 HORAS.

TLALPAN, Santa Ursula Xitla. Casita tres recámaras. $2,800.00. 568-16-68. 661-14-92.

RENTO CASA TRES RECAMARAS, AMPLIA. CALLE DANIEL COLONIA GUADALUPE TEPEYAC. COCHERA. $3,000.00. 391-89-01.

Después de leer la sección de anuncios, contesta estas preguntas.

1. Da 3 características del "penthouse" que ofrece seguridad.

a. _____

b. _____

c. _____

2. Para un extranjero que va a trabajar en México por tres meses y busca una suite de lujo amueblada. ¿Cuál es la opción?

_____

3. ¿Cuál es el anuncio que reúne tus necesidades? Da el número y di por qué.

_____

_____

Estudia.

El adjetivo calificativo

El adjetivo modifica al sustantivo:

– **Indica las cualidades del sustantivo.**

– **Concuerda con el sustantivo en género y número.**

      Ejemplo:

              La cas<u>a</u> blanc<u>a</u>
              Las cas<u>as</u> blanc<u>as</u>

Algunos adjetivos indican:

<u>Forma</u>			<u>Color</u>	
cuadrado	-a-os-as	▢	amarillo	-a-os-as
			rojo	-a-os-as
redondo	-a-os-as	◯	verde	-s
			blanco	-a-os-as
triangular	-es	△	negro	-a-os-as
			azul	-es
rectangular	-es	▭	café	-s
			morado	-a-os-as
			rosa	-s

<u>Tamaño</u>
chico   -a-os-as
mediano   -a-os-as
grande   -s

      Ejemplo:

          La mes<u>a</u> es cuadrad<u>a</u> y roj<u>a</u>.

chico

mediano

grande

Expresiones con SER + adjetivo + infinitivo

es bueno - es malo

es útil - es inútil

es mejor - es peor

es interesante - es aburrido

es fácil - es difícil

es conveniente - es inconveniente

es posible - es imposible

es agradable - es desagradable

es necesario - es innecesario

Ejemplo:

Es <u>bueno</u> <u>hablar</u> español en México

Los adjetivos demostrativos

Los adjetivos demostrativos indican la distancia que hay entre el sujeto y el objeto:

– Modifican al sustantivo.

– Concuerdan con el sustantivo en género y número.

<u>Cerca</u>	<u>Lejos</u>	<u>Más lejos</u>
este	ese	aquel
esta	esa	aquella
estos	esos	aquellos
estas	esas	aquellas

Ejemplos:

Manuel necesita este diccionario.

Quiero ver esas fotografías.

Necesitamos esos muebles.

Juan no quiere rentar esa recámara.

Esa casa

Aquella casa

Esta casa

Vocabulario

Los colores

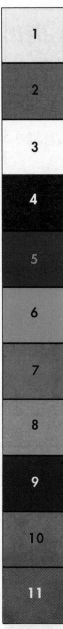

amarillo	(1)	rosa	(7)
rojo	(2)	verde	(8)
blanco	(3)	café	(9)
negro	(4)	anaranjado	(10)
morado	(5)	gris	(11)
azul	(6)		

la casa
el edificio
el departamento
el cuarto/ la habitación
la estancia
la sala
el comedor
el estudio
la recámara
la cocina
el baño
el jardín
el patio
el elevador
la cochera / el garage

la cama
el buró
la cómoda
el lavabo
la regadera
la tina
el excusado
el tocador

el techo
la pared
la ventana
la puerta
el piso

el sofá
el sillón
la silla
la mesa
el trinchador
la vitrina
el escritorio
el librero
la estufa
el refrigerador
el fregadero

las sábanas
las cobijas
la colcha
las toallas
la almohada
el cojín

los platos
los cubiertos
la vajilla

las cortinas
los manteles
las servilletas

Números ordinales

primero
segundo
tercero
cuarto
quinto
sexto
séptimo
octavo
noveno
décimo

vigésimo
trigésimo
cuadragésimo
quincuagésimo
sexagésimo
septuagésimo
octagésimo
nonagésimo
centésimo

4. Haz los siguientes ejercicios.

a) Indica lo que hay en la casa.

Ejemplo: ¿Qué hay en la sala?

Hay una mesita cuadrada, hay un sofá, un florero con flores, una lámpara, dos ceniceros, tres sillones, una chimenea, una alfombra...

¿Qué hay en el comedor?

_____

_____

_____

_____

_____

¿Qué hay en el baño?

_____

_____

_____

_____

_____

¿Qué hay en la recámara?

_____

_____

_____

b) Completa el cuadro de acuerdo con el ejemplo. Observa los objetos de tu salón de clases.

H. W.

Objeto	Tamaño	Forma	Color	Material
El escritorio	*grande*	*rectangular*	*café*	*madera*
El cuaderno				
La puerta				
El pizarrón				
El borrador				
La mesa				
La lámpara				
La pluma				
El lápiz				

c) **Cambia de singular a plural y de plural a singular.**

> Ejemplo: Este alumno es japonés.
> *Estos alumnos son japoneses.*

1. Aquella casa es muy bonita.

_____

2. Este sofá es amarillo.

_____

3. Esos alumnos están aburridos.

_____

4. Aquel cuaderno es de María.

_____

5. Esta puerta está cerrada.

_____

6. Aquellos floreros son azules.

_____

7. Esa toalla es verde.

_____

d) **Forma oraciones. Elimina el sujeto y pon el verbo en infinitivo.**

> Ejemplo: El profesor enseña español.
> (es interesante)
> *Es interesante enseñar español.*

1. Juan y María van a la conferencia.
   (es necesario)

_____

2. Ivonne vive con una familia mexicana.
   (es agradable)

_____

3. La maestra llega a tiempo a la clase.
   (es importante)

_____

4. Bárbara conoce la historia de su país.
   (es conveniente)

_____

5. David hace ejercicio.
   (es saludable)

_____

e) **Forma oraciones negativas y contrarias de acuerdo con el ejemplo.**

Ejemplo: Es fácil hablar español.
a. *No es fácil hablar español.*
b. *Es difícil hablar español.*

1. Es interesante ver la televisión.

a. _____

b. _____

2. Es agradable vivir en este departamento.

a. _____

b. _____

3. Es posible viajar durante dos años por el mundo.

a. _____

b. _____

4. Es útil aprender los verbos.

a. _____

b. _____

5. Es mejor abrir las puertas.

a. _____

b. _____

6. Es necesario hacer un examen escrito.

a. _____

b. _____

5. Escucha las grabaciones.

a) **Relaciona los nombres con el tipo de vivienda.**

Bill Bandy   Linda Drakes   Aty Tomer   Jane Arthur

_____   _____   _____   _____

b) ¿Dónde viven ellos? Da algunas características sobre:

	Situación ¿Dónde está?	Descripción ¿Cómo es?	Entorno ¿Qué hay cerca de ahí?
1. Casa sola			Hay dos iglesias, una carpintería, tienda de abarrotes, hay una reparadora de calzado...
2. Departamento	Está en la ciudad de México. En la colonia Polanco. Calle Bernard Shaw 10 Departamento 501.		
3. Casa compartida		Es una casa de dos pisos. Su cuarto sólo tiene una cama y algunas pinturas de Picasso, una alfombra persa...	
4. Hotel	Vive en la ciudad de México, en el Hotel Michelangelo cerca de la Zona Rosa y del metro Insurgentes en la calle Río Amazonas 79.		

6. Un amigo busca un departamento grande en la ciudad de México. Ahora él está en Brasil y tú le ayudas a buscar un departamento.

a) Lee el anuncio.

SAN JOSÉ INSURGENTES

Se renta departamento de lujo, en una sola planta, 3 recámaras, 2 baños completos, jacuzzi, elevador privado, servicio integrado, garage.

593-16-98   284-84-08

b) Llamas por teléfono y te dan la siguiente información:

Departamento nuevo, sur de la ciudad.
Muy cerca de Av. Revolución y Av. Insurgentes.
3 recámaras, sala amplia.
Todos los servicios. Vigilancia.
Muy cerca bancos, tiendas, etc. $3,000.00 mensuales.

c) Después, le mandas un fax a tu amigo para darle la información anterior.

A: _____

DE: _____

FECHA: _____

NÚM. DE FAX: _____

INFORMACIÓN: _____

_____

_____

d) Lee y verifica tus respuestas.

1. Soy Aty Tomer de Israel. Aquí en México vivo en la colonia Polanco, en la calle Bernard Shaw número diez, departamento 501. Vivo con mi esposo y nuestro departamento es muy grande. Tiene tres recámaras, una sala, tres baños, una cocina y dos balcones. Tenemos muchas cosas de artesanía mexicana y muchas plantas. Para llegar al departamento, necesitamos tomar el elevador. El edificio está a la izquierda de la sinagoga Magen David. Del lado de la sinagoga hay un restaurante y enfrente hay un colegio; a la derecha hay una bonita galería de arte y muchas tiendas de ropa, de comida, helados y una peluquería. La calle de atrás se llama Sócrates y ahí hay un restaurante muy grande y muy caro. A la derecha, está una gasolinería.

2. Me llamo Linda Drakes. Ahora vivo en la ciudad de México en el hotel Michelangelo, cerca de la Zona Rosa y del metro Insurgentes. El hotel está en la calle de Río Amazonas, número 79. Cerca de ahí hay muchos hoteles, restaurantes, tiendas, mercados, almacenes y discotecas. Generalmente como en restaurantes, pues la cocina de mi habitación es muy pequeña e incómoda. En el área tengo todos los servicios; la lavandería está junto al hotel. Hay muchos bancos y casas de cambio. Las calles en el área están limpias y hay muchos árboles. Mi habitación es cómoda. No me gusta mucho vivir en el hotel, pues creo que para mí es mejor vivir con una familia mexicana para poder practicar español; además, el hotel es demasiado caro. Mi cuarto tiene un sofá, un sillón, dos mesitas laterales, una estufa eléctrica, un refrigerador, una televisión, una mesa y dos sillas. El baño tiene excusado, lavabo, tina y regadera. Como en la noche hace mucho frío, el gerente del hotel me dio un calentador.

3. Me llamo Bill Bandy, soy de los Estados Unidos. Mi casa está en la Delegación de Coyoacán, en la calle Melchor Ocampo número uno. La casa es de dos pisos. Yo vivo en el

primer piso con otros dos amigos mexicanos. Ellos hablan muy bien inglés. Uno de mis compañeros es cantante de ópera, por eso, a veces, la casa es muy ruidosa. Mi cuarto sólo tiene una cama, algunas pinturas de Picasso, una alfombra persa y una lámpara. Mi cuarto es muy frío y no tiene calefacción, por eso compré un calentador. Ahora ya no está frío, pero sigue con mucho ruido. ¿Cómo puedo resolver este problema? No lo sé. Así es la vida.

4. Soy la doctora Jane Arthur. Soy inglesa. Vivo en una pequeña casa en Coyoacán, al sur de la avenida Miguel Ángel de Quevedo. Cerca de mi casa hay dos iglesias y muchas tiendas: abarrotes, una carpintería, una reparadora de zapatos... Las calles de alrededor de la casa son muy estrechas. Vivo en una unidad de diez casas, con vigilancia. Tiene cancha de tenis y una alberca, pero sin agua. Tenemos estacionamiento, pero no tengo coche. La casa tiene cocina, comedor, sala. En la parte de arriba hay 2 recámaras, un baño y un estudio con muchos libros. La dueña vive al otro lado de mi casa.

Funciones comunicativas

– Pedir y dar información

¿Cuánto pagas de renta por tu departamento?
Seiscientos dólares al mes.

¿Cuesta caro el alojamiento?
Sí, porque el precio de la vida es alto.

¿Qué transporte pasa cerca?
El metro está muy cerca.

– Expresar preferencia

Prefiero este lugar, está bien ubicado.
Prefiero vivir con una familia mexicana.

– Identificar

La casita que tiene jardín es muy bonita.
Ese edificio con elevador es muy moderno.
El jardín de mi casa tiene muchos árboles.
Ese sofá azul es demasiado caro.

Pedir opinión	Dar opinión / sugerir	Aceptar	Rechazar
Ejemplo			
A	B	A	A
¿Piensas que es bueno vivir solo en un hotel?	No, yo creo que es mejor para ti vivir con una familia mexicana.	¿Por qué no? Eso voy a hacer.	Pues sí, pero creo que prefiero mi privacía.
¿Crees que el precio del departamento es alto?	Te sugiero hablar con la dueña sobre el precio.	Sí, es una buena idea.	Creo que es difícil hablar con ella.
¿Crees que es mejor vivir con una familia mexicana?	Sí, porque así tienes más oportunidad de practicar el español.	De acuerdo.	No, es mejor vivir solo.

7. Escribe en el paréntesis el número de la expresión que corresponde a la función. Hay más de una opción.

Expresiones

1. ¿Cuánto cuesta el alquiler de este cuarto?

2. No, no puedo pagar tanto.

3. Es mejor preguntar por teléfono.

4. Mire, la casa tiene dos recámaras, sala, cocina y un baño.

5. Me parece muy buena tu idea.

6. Es mejor comprar el departamento en el tercer piso.

7. El departamento que está en el tercer piso.

8. ¿Cuál departamento me conviene más?

Funciones

(   ) Identificar

(   ) Sugerir

(   ) Pedir opinión

(   ) Aceptar

(   ) Pedir información

(   ) Rechazar

(   ) Expresar preferencia

(   ) Dar información

(   ) Dar opinión

8. Completa el siguiente diálogo.

Juan sigue buscando alojamiento y María le ayuda.

Juan:　　　–Quiero cambiarme pronto del hotel a una casa.

María:　　–¿Qué te parece la recámara de la señora Martínez?

Juan:　　　–(Rechaza)_____

María:　　–¿Por qué?

Juan:　　　–(Expresa su opinión) _____

María:　　–(Expresa su opinión) _____
　　　　　Oye, tengo una tía que no ocupa un cuarto. Tal vez te lo quiera alquilar.
　　　　　(Pide su opinión.)¿ _____?

Juan:　　　–(Da su opinión) _____
　　　　　Buena idea.

　　　　　–(Pregunta precio) _____

María:　　–No tengo idea, pero podemos ir a verla. (Sugiere ver otros cuartos.)

　　　　　_____

Juan:　　　–(Acepta la sugerencia) ¡ _____!

María:　　–Bueno, pues vamos a llamar a mi tía y a buscar más cuartos en el periódico.

9. Juego de roles.

Un compañero de clase toma el papel del encargado de la agencia inmobiliaria y otro, el de la persona que pide informes sobre algún tipo de vivienda.

Tipo de vivienda	Servicios	Lugar	Tiempo de estancia	Incluido y no incluido	Precio total
Departamento	- Agua - Luz - Teléfono - Vigilancia las 24 horas - Interfón - Cocina integral - Lugar para un coche	- Al sur de la ciudad - Av. Universidad 2465 3er. piso	- Contrato por un año - Se pagan dos meses de depósito	- Luz - Agua - Gas No incluye: - Teléfono - Vigilancia (Se paga aparte)	$1,800 mensuales
Casa sola	- Casa amplia - Lugar para dos coches - Jardín trasero - Cocina amplia - 3 recámaras - Sala - Comedor - Dos baños y medio - Teléfono	- Bien ubicada - Colonia Nápoles, calle Texas 95 - Tiene todos los servicios - Transportes	- Contrato por un año con posibilidades de renovar - Se dejan 3 meses de depósito	- Prediales No incluye: - Teléfono - Gas - Luz (Se paga aparte)	$3,000 mensuales
Cuarto amueblado	- Cuarto habitación - Cama - Burós - Clóset - Baño - Ropa de cama - Limpieza de cuarto - Desayuno - Uso de la cocina - Agua caliente	- Centro Histórico - En la calle Madero 24 2o. piso - Ciudad de México	- Puede al-quilarse por un mes co-mo mínimo - Referencias - Se paga por adelantado	- Todos los servicios indicados No incluye: - Llamadas teléfonicas de larga distancia	$550 mensuales

10. Observa el plano del departamento.

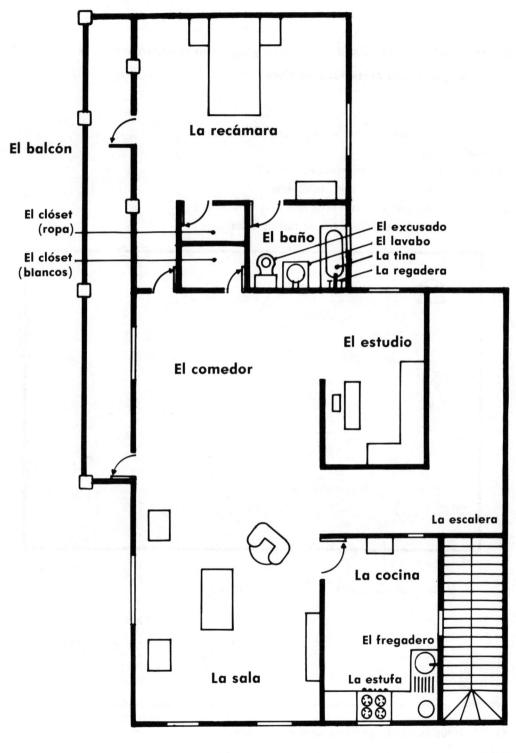

El balcón

La recámara

El clóset
(ropa)

El clóset
(blancos)

El baño

El excusado
El lavabo
La tina
La regadera

El estudio

El comedor

La escalera

La cocina

El fregadero

La estufa

La sala

a) **Ahora tienes la posibilidad de distribuir y organizar tu departamento. Mide 100 m².**

Haz tu proyecto para presentarlo en clase.

Ubica lo siguiente:

La recámara (la cama, los burós, la cómoda, el balcón)

El baño (el excusado, la tina, la regadera, el lavabo)

El clóset de ropa

El comedor (sillas, mesa, trinchador, vitrina)

El estudio (el escritorio, la silla, el librero)

La sala (la mesa central, las mesas laterales, el sillón, el sofá)

La cocina (la estufa, el fregadero, el refrigerador)

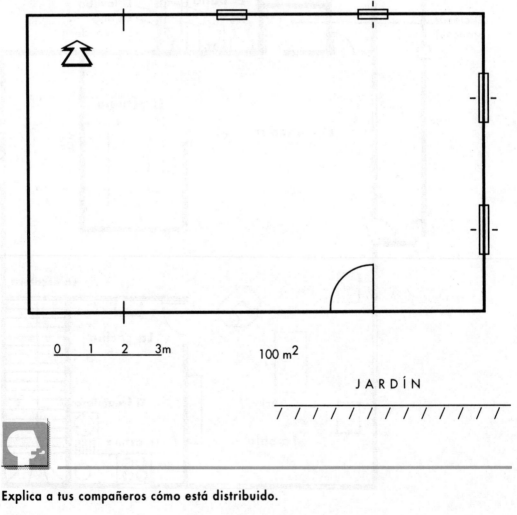

0   1   2   3m

100 m²

JARDÍN

/ / / / / / / / / / / / / /

Explica a tus compañeros cómo está distribuido.

Descubre los misterios

Contenido temático
¿Quién fue? •

Objetivo de comunicación
Identificar objetos y personas •
Describir objetos y personas •
Expresar acciones pasadas •

Contenido lingüístico
Verbo estar (característica pasajera, lugar
o posición) •
Verbo ser (características permanentes, color,
material) •
Verbos regulares en pretérito de indicativo •

Vocabulario
Partes del cuerpo
Ropa

1. Lee esta nota de periódico. Corresponde a la fotografía de la página siguiente.

detenimiento
mpo de la co-
onjunto de su
cámara y or-
tas o grupos
llets, con ópe-
calizadas con
con todo ese
integrales que
ada música clá-
ñar que su pre-
extrañeza den-

de esta
lícula fue consecuencia directa

Acusada de infiel

El señor Ramírez llega de noche a su casa y encuentra en el recibidor ropa de su esposa y de hombre; afirma que la ropa no es suya, que él es gordo y alto y la ropa es de una persona baja y delgada. Levanta el acta en la delegación correspondiente acusando a su esposa de infiel.

creativo de Jerome Robbins, responsable de
filme de igual nom-

media musica
obra con sin
questales, p
instrumentale
ras y piez
oberturas y
equipaje de
rodean al u
sica o "cult
sencia con
tro de su

a) Ahora, contesta las preguntas.

1. ¿A dónde llega el señor Ramírez?

_____

2. ¿Cuándo llega?

_____

3. ¿Qué encuentra en el recibidor?

_____

4. ¿Cómo es el señor Ramírez?

_____

5. ¿Cómo es el otro hombre?

_____

6. ¿De qué acusa el señor Ramírez a su esposa?

_____

b) Observa la fotografía y contesta.

1. ¿Qué hay en la sala?
2. ¿Dónde está la bolsa?
3. ¿Qué objetos hay en el piso?
4. ¿Por qué crees que la sala está en desorden?
5. ¿Qué hora es?

De ella

1. La falda de traje sastre
2. El suéter
3. El saco de traje sastre
4. El vaso
5. El brasier
6. La bolsa
7. Las pantimedias

De él

8. Los pantalones
9. La camisa
10. El suéter
11. El vaso
12. La corbata
13. El calcetín
14. El calcetín
15. Los lentes

c) Completa la información que se te pide.

En la delegación se elabora el acta de infidelidad. El policía le pregunta a la señora Ramírez quién estuvo en su casa. Ella dice que fueron seis personas a visitarla en todo el día.

Escucha sus descripciones tres veces. ¿Puedes identificar a la persona que fue a casa de la señora Ramírez?

Policía:	—Señora Ramírez, ¿quién estuvo en su casa hoy?
Sra. Ramírez:	—Bueno, fueron muchas personas. Yo siempre tengo muchas visitas. Soy muy amable.
Policía:	—Sí, lo creo. ¿Quién estuvo primero?
Sra. Ramírez:	—La señorita Aguilar, como a las diez de la mañana.
Policía:	—¿Quién es ella?
Sra. Ramírez:	—Mónica. Es mi vecina.
Policía:	—¿Y por qué fue a su casa?
Sra. Ramírez:	—Porque tiene problemas económicos. Fue a pedirme dinero prestado.
Policía:	—¿Cómo es ella?
Sra. Ramírez:	—Bueno, ella es muy atractiva: es blanca, de ojos negros, tiene pelo negro largo y labios gruesos. No le di el dinero, así es que se fue pronto.
Policía:	—¿Y después quién estuvo en su casa?
Sra. Ramírez:	—¡Ay! Mi sobrino, Enrique Martínez, siempre va a saludarme cuando tiene tiempo libre. Es un muchacho muy inteligente, alto, blanco, de ojos azules y pelo castaño claro.
Policía:	—¿A qué hora?
Sra. Ramírez:	—Fue al mediodía.
Policía:	—¿No fue a la medianoche?
Sra. Ramírez:	—Por favor, oficial, fue al mediodía.
Policía:	—¿Está usted segura?
Sra. Ramírez:	—Claro que sí, además, ¡él es mi sobrino!
Policía:	—Bueno, ¿y qué otra persona fue a verla?
Sra. Ramírez:	—Pues, creo que el lechero. Todos los días entrega dos litros de leche en mi casa.
Policía:	—¿Cómo se llama? ¿Cómo es?
Sra. Ramírez:	—Creo que Luis, Luis Pérez o algo así. Es muy alto, de pelo rojizo, con bigote y mirada triste.
Policía:	—¿A qué hora?
Sra. Ramírez:	—Como a las dos, porque llegó después de Enrique, y antes de Rocío.
Policía:	—Luis... ¿quién es Rocío?

Sra. Ramírez:	—Mi amiga. Vino a comer a mi casa como a las tres de la tarde.
Policía:	—¿Cuántos años tiene?
Sra. Ramírez:	—No sé, pero es joven, de ojos cafés y pelo castaño corto, y siempre es muy amable.
Policía:	—¿Quién más estuvo en su casa?
Sra. Ramírez:	—Mmm, déjeme ver. Ah, sí: el plomero y el doctor.
Policía:	—¿A qué hora fueron?
Sra. Ramírez:	—El plomero como a las cuatro de la tarde y el doctor como a las seis.
Policía:	—¿Por qué fue el plomero?
Sra. Ramírez:	—¡Ay! Porque había una fuga de agua en la llave de la cocina.
Policía:	—¿Y por qué fue el doctor? ¿Es su amigo?
Sra. Ramírez:	—Oh, no, señor oficial. Yo no lo conocía. En la tarde me sentí mal y Rocío llamó a su doctor.
Policía:	—Estaba usted enferma...
Sra. Ramírez:	—Sí, tenía un dolor de cabeza muy fuerte.
Policía:	—¿A qué hora se fue el doctor?
Sra. Ramírez:	—Pues, en unos 15 o 20 minutos, que fue lo que tardó la consulta.
Policía:	—¿Cuál es la descripción física del plomero, cómo se llama?
Sra. Ramírez:	—Hmmm, moreno, de pelo negro chino, con cejas pobladas y dientes grandes. En el recibo firmó su nombre, aquí está.
Policía:	—Bien, es el señor Rubén Soto. ¿Y cómo es el doctor?
Sra. Ramírez:	—Pues, el doctor Portillo, del Hospital Dalinde: es blanco, rubio, un poco calvo, delgado, no muy alto y muy amable...

d) ¿La señora Ramírez dice mentiras?

De las seis personas que la visitaron, descubre el misterio. ¿De quién crees que es la ropa que encontró el señor Ramírez cuando llegó en la noche a su casa?

_____

_____

e) Escribe toda la información que obtuviste sobre la descripción física y de carácter de las personas que estuvieron con la señora Ramírez.

Ejemplo

1. Mónica Aguilar:

Ella es muy atractiva, blanca, de
ojos negros, pelo negro largo y labios
gruesos. Fue a visitar a la señora
Ramírez como a las diez de la ma-
ñana, porque necesitaba dinero.

2. Enrique Martínez:

_____

_____

_____

_____

_____

3. Luis Pérez:

_____

_____

_____

_____

_____

5. Alejandro Portillo:

_____

_____

_____

_____

_____

4. Rocío:

_____

_____

_____

_____

_____

6. Rubén Soto:

_____

_____

_____

_____

_____

f) **Describe a uno de tus compañeros.**

2. Observa la fotografía y describe a tres de las personas.

a. _____

_____

_____

_____

b. _____

_____

_____

_____

c. _____

_____

_____

_____

Estudia.

Más usos de los verbos SER y ESTAR

ESTAR

– **Característica pasajera de una persona o animal.**

Ella está enojada hoy.

El gato está dormido.

– **Posición.**

está:

arriba / abajo

atrás / adelante

a la derecha / a la izquierda

de este lado / del otro lado

de frente / de espalda / de lado

El vaso está en el piso.

La falda está sobre el sillón.

SER

– Sirve para expresar cualidades o características permanentes (físicas o de carácter).

Mónica es blanca, de ojos cafés, tiene pelo negro largo.

Descripción física	**Color de piel**	
alto / bajo	blanco	-a, os, as
gordo / delgado	negro	-a, os, as
grande / pequeño	amarillo	-a, os, as
guapo / feo	moreno	-a, os, as
joven / viejo		
moreno / rubio		

Color de pelo		**Descripción psicológica**
rubio	-a, os, as	alegre / triste
blanco	-a, os, as	optimista / pesimista
canoso	-a, os, as	simpático / antipático
negro	-a, os, as	gentil / malvado
castaño	-a, os, as	tímido / atrevido
pelirrojo	- a, os, as	

– Se usa para expresar el color de las cosas.

La <u>falda</u> de la señora Ramírez es <u>gris</u>.

Los <u>cojines</u> son <u>rojos</u>.

La <u>cachucha</u> del policía es <u>azul</u>.

– Para expresar el material de que están hechas las cosas.

¿De qué material es tu traje?	¿De qué material es... (objeto)
Es de:	Es de:
pana / piel / seda / lana / poliéster / algodón	oro / plata / cobre / vidrio / piedra / madera / porcelana / plástico
El suéter es de lana.	La mesa es de madera.

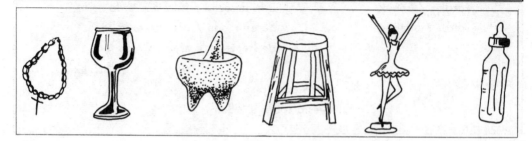

Es de oro   Es de vidrio   Es de piedra   Es de madera   Es de porcelana   Es de plástico

Pretérito

Para expresar acciones acabadas, independientes de cualquier cosa, usamos el pretérito.

Es una acción perfecta, acabada, no continua.

El ladrón entró por la ventana.

Se forma en su conjugación regular, así:

AR	ER	IR
ENTRAR	ROMPER	SUBIR
entré	rompí	subí
entraste	rompiste	subiste
entró	rompió	subió
entramos	rompimos	subimos
entraron	rompieron	subieron
entraron	rompieron	subieron

AR	ER-IR
é	í
aste	iste
ó	ió
amos	imos
aron	ieron
aron	ieron

Otros verbos regulares: tomar, hablar, estudiar, escuchar, viajar, interrogar, comer, beber, vivir, abrir, subir, escribir.

– El pretérito puede usarse con expresiones de tiempo como:

ayer
la semana pasada
el año pasado
anoche
antier
el lunes pasado, etc.

Ejemplos:

El policía interrogó a la señora Ramírez ayer.

El señor Ramírez anoche abrió la puerta de su casa

y se sorprendió.

Verbos irregulares en pretérito

poder	tener	saber	estar	hacer	venir	decir
pude	tuve	supe	estuve	hice	vine	dije
pudiste	tuviste	supiste	estuviste	hiciste	viniste	dijiste
pudo	tuvo	supo	estuvo	hizo	vino	dijo
pudimos	tuvimos	supimos	estuvimos	hicimos	vinimos	dijimos
pudieron	tuvieron	supieron	estuvieron	hicieron	vinieron	dijeron
pudieron	tuvieron	supieron	estuvieron	hicieron	vinieron	dijeron

ser / ir	dormir	morir	ver
fui	dormí	morí	vi
fuiste	dormiste	moriste	viste
fue	durmió	murió	vio
fuimos	dormimos	morimos	vimos
fueron	durmieron	murieron	vieron
fueron	durmieron	murieron	vieron

dar	querer	traer
di	quise	traje
diste	quisiste	trajiste
dio	quiso	trajo
dimos	quisimos	trajimos
dieron	quisieron	trajeron
dieron	quisieron	trajeron

Hay algunos verbos regulares que tienen cambios ortográficos para conservar su sonido. Son varios grupos:

– **Verbos que terminan en gar.**

la g cambia a gue en la 1a. persona singular.

Ejemplo:

llegar - llegué   pagar - pagué   jugar - jugué

– **Verbos que terminan en zar.**

la z cambia a ce en la 1a. persona singular.

Ejemplo:

cruzar - crucé   comenzar - comencé

empezar - empecé

– **Verbos que terminan en eer.**

la segunda e cambia a i en la 1a. persona singular y en la 3a. persona singular y plural.

Ejemplo:

leer - leí   creer - creí

leyó   creyó

leyeron   creyeron

– **Verbos que terminan en car.**

la c cambia a que en la 1a. persona singular.

Ejemplo:

explicar - expliqué   practicar - practiqué

tocar - toqué   buscar - busqué

3. Haz los siguientes ejercicios.

a) Sustituye, según el caso. Si es necesario consulta el apéndice de verbos irregulares.

1. Yo pierdo la chamarra.

   (Rocío) (nosotros) (ellos) (tú) (ustedes)

2. Ella repite la entrevista.

   (el policía) (Enrique) (Ana) (nosotros) (el joven)

3. Aurora pide la ropa.

   (usted) (Elena) (mi mamá) (nosotros) (us-tedes)

4. Juan vuelve temprano.

   (yo) (nosotros) (Alejandro) (tú) (los amigos)

5. Ella encuentra a su amigo.

   (Ana y yo) (usted) (Carlos) (ellos) (tú)

6. Usted piensa muy bien.

   (Juan) (Pepe y yo) (tú) (Elena) (yo)

b) Cambia las oraciones del presente al pretérito, usa expresiones de tiempo.

   Ejemplo: Todos los días llego temprano a la escuela.
   (ayer)   *Ayer llegué temprano a la escuela.*

1. Mi hermana estudia mucho.

(El sábado pasado) _____

2. Escribo una carta a mi novio.

(Anoche) _____

3. Asisto a clases todos los días.

(El año pasado) _____

4. Hoy tomo mucho café.

(En la mañana) _____

5. Ustedes viajan a Acapulco.

(La semana pasada) _____

c) Conjuga el verbo en pretérito.

1. Ayer _____ mi dinero.
          perder (yo)

2. Mi amiga _____ Francia.
             visitar

3. Elena _____ muchas quesadillas ayer.
         comer

4. Mis amigas _____ a la torre.
           subir

5. Ella _____ tarde a clases.
        entrar

6. El verano pasado nosotros _____ a la playa.
                 viajar

7. Mi hermano _____ un poema muy bonito ayer.
           escribir

8. Nosotros _____ en una fiesta anoche.
         bailar

9. El domingo pasado mis amigos me _____.
                visitar

10. Yo _____ una carta a mi familia en español.
    escribir

d) Completa con el verbo en pretérito.

Hace un mes, mi amigo _____ de vacaciones por una semana. Al llegar, él
               llegar

_____ a mi familia y a mis amigos. Nosotros _____ a muchas fiestas y
conocer   asistir

_____ muchos lugares de la ciudad y de la provincia. El siempre _____ muy
   visitar   estar

contento, _____ muchas fotografías y nos _____ regresar en sus próximas
       tomar (él)   prometer (él)

vacaciones.

e) Cambia de presente a pretérito.

1. Ana lee el libro.

_____

2. Yo pago la cuenta.

_____

3. No llego tarde.

_____

4. Ellos creen conocer al ladrón.

_____

5. Yo busco mis zapatos.

_____

f) Escribe tus actividades de ayer o del fin de semana pasado.

_____

_____

_____

_____

_____

Vocabulario

El cuerpo humano

La cabeza

el cabello

las cejas

los ojos

las pestañas

la nariz

la boca

las mejillas

los labios

los dientes

la frente

las orejas

el bigote

el cuello

la barba

el pie

el tobillo

los dedos

la uña

la mano

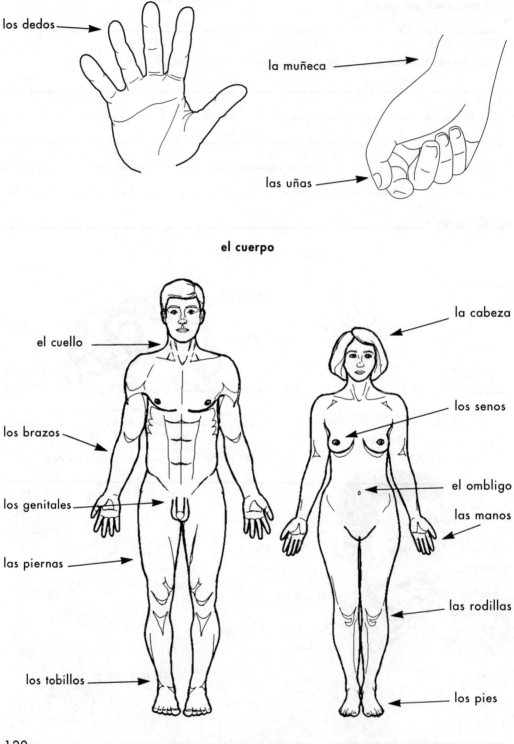

los dedos

la muñeca

las uñas

el cuerpo

la cabeza

el cuello

los senos

los brazos

los genitales

el ombligo

las manos

las piernas

las rodillas

los tobillos

los pies

La ropa
De hombre y de mujer
el suéter
la chamarra
el saco
los pantalones
los zapatos
las botas

De hombre
el traje
la corbata
la camiseta
la trusa
los calcetines
la camisa

De mujer
el vestido
la falda
el traje sastre
el fondo
el brasier
las pantaletas
las medias
las pantimedias
las zapatillas
la blusa

Para clima cálido

las playeras
los shorts
los huaraches (guaraches)

Para clima frío

el abrigo
la bufanda
los guantes
el gorro
la gabardina

4. Haz los siguientes ejercicios.

a) Lee con atención los siguientes anuncios. Di quién los escribe. ¿Un hombre? (H) ¿Una mujer? (M)

Ejemplo: Tengo 73 años, pero soy joven, activo, rico, divorciado
y busco compañía.   (*H*)

1. Ingeniero, alto, delgado, guapo, 30 años, busca dama de 38 años.   (   )

2. Locutora, bonita, rubia, desea encontrar caballero.   (   )

3. Joven simpático, serio, independiente, busca compañía para su vida.   (   )

4. Soltero, 48 años, simple, cariñoso, dulce, afectuoso, busca compañía.   (   )

5. 25 años, muy dulce, morena, delgada, romántica y buena, desea
encontrar caballero de 40 años.   (   )

6. Para los demás soy madura, serena y muy responsable: para tí seré
juvenil, romántica y un poco traviesa.   (   )

7. Alegre, bonita, atractiva, rica, divorciada, busco compañía igual...   (   )

8. Dama inteligente, rica, no muy bonita, busca caballero de más de
40 años.   (   )

9. Joven, deportista, simpático, inteligente, no muy rico, pero con
mucho corazón.   (   )

b) Subraya todos los adjetivos en los anuncios siguientes.

Ejemplo: Regalo perrito <u>adorable</u>.

1. Se compran juguetes antiguos.
2. Vendo hermosos tapices, diccionarios nuevos...
3. Se renta departamento moderno y confortable.
4. Vendo piano casi nuevo.
5. Se solicita chofer joven y dinámico.
6. Vendo automóvil casi nuevo, azul y muy barato.
7. Por viaje al extranjero, vendo todos mis libros usados de literatura y gramática.
8. Se solicita empleado eficiente y joven.

c) Escribe sustantivos que relaciones con los siguientes colores.

Ejemplo: negro: *mesa negra, ideas negras, isla negra, cantante negra, cabellos negros, vestido negro, ojos negros, sombrero negro.*

1. azul _____

_____

2. verde _____

_____

3. amarillo_____

_____

4. rosa _____

_____

5. café _____

_____

d) Escribe adjetivos a los siguientes sustantivos.

Ejemplo:

1. vestido	*blanco*	*elegante*	*corto*	*largo*
2. pantalón	_____	_____	_____	_____
3. abrigo	_____	_____	_____	_____
4. zapatos	_____	_____	_____	_____
5. bufanda	_____	_____	_____	_____
6. cachucha	_____	_____	_____	_____

5. Observa los dibujos.

Detective en acción.

¡Un ladrón entró y se llevó el dinero del gasto de la señora Ramírez! El detective observa cuidadosamente la sala para tratar de encontrar una pista. La encuentra y descubre, así, al culpable dentro del grupo de maleantes que se reúne en el Callejón del Gato.

a) **Observa los dibujos hasta descubrir quién es el ladrón.**

b) **Ahora contesta las siguientes preguntas.**

1. ¿Qué se llevó el ladrón?

_____

2. ¿En qué lugar de la casa fue el robo?

_____

3. ¿A quién llamó la señora Ramírez?

_____

4. ¿Dónde encontró la pista el detective?

_____

5. ¿Dónde se reúnen los maleantes?

_____

6. ¿Quién los observa desde una esquina?

_____

7. Describe a uno de los maleantes.

_____

_____

8. ¿Cómo es el detective?

_____

9. ¿Quién es el culpable?, ¿por qué?

_____

10. ¿Qué ropa usa el culpable?

_____

El ladrón es el hombre de cabello rizado y suéter rojo.

c) Describe a tu familia. Usa fotografías.

Funciones comunicativas

– Identificar objetos y personas.

El hombre alto de pantalón azul es mi abuelo.

Mi tío es el hombre que está sentado a la derecha.

El hombre de pelo chino es el ladrón.

La muchacha de pelo negro es Mónica.

El hombre alto de ojos azules es Enrique.

Ese hombre bajo y delgado es el doctor Portillo.

– Describir objetos y personas.

La moto es grande y muy potente.

El Callejón del Gato está cerca de la casa de la señora Ramírez.

El recibidor es pequeño y confortable.

Ella es alta, delgada, tiene cabello negro y ojos grandes.

Mi novia es madura, serena y muy responsable.

6. Escucha el diálogo y completa lo que falta.

Después de escuchar el diálogo, coméntalo con tus compañeros. Explica de qué se trata.

–¡Bueno!

–Locatel.

–Por favor, encuéntrelo, se perdió. Es muy pequeño.

–¿Quiere describirlo?

–Sí, sí, es muy _____, no come mucho, es _____ y _____. Me acompaña a todas partes.

–Por favor, necesitamos datos más precisos.

–Su piel es _____, tiene dos _____ ojos verdes y apenas tiene dos años: n... no es _____ es muy _____ , no se come la comida de los otros.

–Sí, sí. Cálmese y dígame, ¿dónde lo vio por última vez y qué ropa usaba?

–Pues, dejé la puerta abierta y se salió. Llevaba un _____ azul que yo misma le hice.

–Está bien, empecemos por el principio. ¿Cómo se llama? Nombre y apellidos.

–Pero, pero ¡cómo me pide sus apellidos! Fifí es un perrito y no tiene apellidos.

7. Escucha el siguiente diálogo y completa lo que falta.

Un joven extranjero se encuentra en una Delegación...

Policía: –Vamos, señor, por favor, cálmese. ¿Qué le pasa?

Marc: –Me robaron mi _____, mi _____, mi _____,...¡todo!

Policía: –¿En dónde? ¿Y cuándo?

Marc: –Hace un momento. Frente a la estación del ferrocarril.

Policía: –¿Lo _____?

Marc: –No. Me _____ un momento para ver el mapa de la ciudad y, de pronto, dos hombres en una moto me _____ todo.

Policía: –¿Cómo? ¿Todo?

Marc: –Sí, señor, todo.

Policía: –Dígame, ¿cómo son esos hombres?

Marc: –El que conducía la moto, no sé, porque no lo vi. El otro... hmmm es _____, bastante _____, de cabello _____ y _____. Lleva_____ de mezclilla_____, una _____ roja a cuadros y tenis _____ también. La moto... no sé. Es muy potente, pero no muy grande.

Policía: –Bueno, mire, pase a esa oficina para hacer su declaración.

Marc: –Pero es terrible: La moto _____ a la banqueta y los hombres se _____ todas mis cosas.

Policía: —Pues sí, lo siento mucho. Lo único que puedo hacer es darle algunos

consejos. Mire, evite llevar sus pertenencias en _____. Ponga su

dinero en una bolsa de su pantalón y su pasaporte en la otra. Y no lleve

jamás mucho dinero.

Marc: —Sí, gracias, buenos consejos, pero un poco tarde, ¿no cree?

Policía: —En fin... de todas formas, felices vacaciones, ¿eh?

a) Indica al final de cada enunciado F si es falso o V si es verdadero.

1. Marc está muy preocupado.   F   V

2. Cinco hombres golpearon a Marc y le robaron su dinero.   F   V

3. El policía dijo que Marc recuperaría sus pertenencias.   F   V

4. El policía da consejos a Marc.   F   V

5. Marc describe físicamente a los ladrones.   F   V

b) Ahora, contesta las siguientes preguntas.

1. ¿De qué se trata el diálogo? Explica.

2. ¿Has tenido alguna experiencia como ésta?

3. ¿En tu país hay robos de este tipo?

7

El cumpleaños

Contenido temático

Festejo de cumpleaños •
Planes para un día de campo •

Objetivo de comunicación

Sugerir •
Aceptar/rechazar •
Brindar •
Felicitar •
Persuadir •
Comprometerse •
Expresar una acción futura •

Contenido lingüístico

Adjetivos y pronombres posesivos •
Ir a + infinitivo •

Vocabulario

Algunas expresiones coloquiales
Comidas y objetos para un día de campo

1. Contesta las siguientes preguntas.

A) a) ¿Cuándo es tu cumpleaños?

El _____ de _____
     día   mes

b) ¿Normalmente festejas tu cumpleaños?

     Sí ( )   No ( )

c) ¿Cómo lo celebras?, ¿con tu familia?, ¿en un restaurante?, ¿con tus amigos?, ¿con un viaje?

d) ¿Hay alguna tradición en tu país para celebrar el cumpleaños?

_____

_____

_____

B) Habla con tus compañeros. Usa este ejemplo.

A.: –¿Cuándo es tu cumpleaños?

B.: _____

A.: –¿Tú celebras tu cumpleaños?

B.: –No, nunca/A veces/Sí.

A.: –¿Cómo lo celebras?

B.: –Yo lo celebro con mi familia, ¿y tú?

A.: –A veces salgo con mi marido/esposa/hermanos y otras veces hago una fiesta en mi casa.

C) Usualmente, ésta es la celebración del cumpleaños en México.

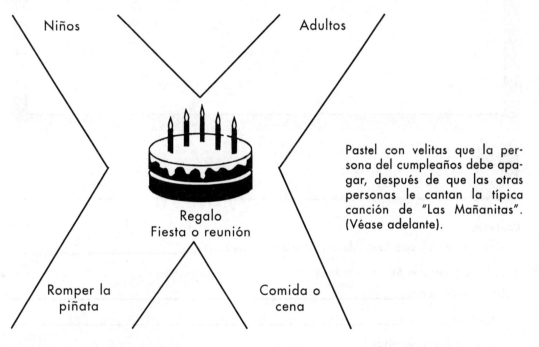

Niños

Adultos

Regalo
Fiesta o reunión

Pastel con velitas que la persona del cumpleaños debe apagar, después de que las otras personas le cantan la típica canción de "Las Mañanitas". (Véase adelante).

Romper la piñata

Comida o cena

Canción para romper la piñata:

"Dale, dale, dale,
no pierdas el tino,
porque si lo pierdes,
pierdes el camino"

A veces se celebra también "el santo" de la persona, según su nombre, de acuerdo con el santoral (calendario de festividades católicas).

Ejemplo: Juan. Su santo es el <u>24 de junio</u>, día de san Juan Bautista.

La piñata es una tradición mexicana. Siempre habrá en las fiestas infantiles (rellena con dulces, fruta, juguetitos, etc.), a veces en algunas fiestas de adultos, y en las "posadas" del 16 al 24 de diciembre, no faltará la que tiene forma de estrella.

Contesta.

1. ¿Has estado en una fiesta de cumpleaños en México? _____

2. Si la respuesta es SÍ, ¿qué había?

   Una piñata con: _____

   Un pastel: _____

   Cantaron las mañanitas: _____

   Otro: _____

3. ¿Qué diferencias observaste entre la celebración de cumpleaños aquí y la de tu país?

   _____

   _____

4. ¿Qué opinas de la celebración de los cumpleaños en México?

   _____

   _____

Escucha las canciones mexicanas para cumpleaños y santo.

Las mañanitas

Éstas son las mañanitas
que cantaba el rey David;
hoy por ser día de tu santo
te las cantamos aquí.

Despierta, mi bien, despierta,
mira que ya amaneció.
Ya los pajarillos cantan,
la luna ya se metió.

Qué linda está la mañana
en que vengo a saludarte;
venimos todos con gusto
y placer a felicitarte.

El día en que tú naciste
nacieron todas las flores
y en la pila del bautismo
cantaron los ruiseñores.

Ya viene amaneciendo,
ya la luz del día nos dio,
levántate de mañana,
mira que ya amaneció.

De las estrellas del cielo
quisiera bajarte dos
una es para saludarte
otra es para decirte adiós.

Volaron cuatro palomas
por toditas las ciudades
hoy por ser día de tu santo
te deseamos felicidades.

Con jazmines y flores
este día voy a adornar
hoy por ser día de tu santo
te venimos a cantar.

2. a) Escucha el diálogo y contesta.

1. Carmen, Ana y José Manuel
   están en su
   - ( ) trabajo.
   - ( ) casa.
   - ( ) escuela.

2. Es
   - ( ) jueves.
   - ( ) martes.
   - ( ) viernes.

3. Es cumpleaños de
   - ( ) Carmen.
   - ( ) Ana.
   - ( ) José Manuel.

4. Cumple
   - ( ) treinta y cinco años.
   - ( ) veinticinco años.
   - ( ) cuarenta y cinco años.

5. ¿Tiene planes para celebrar su
   cumpleaños?
   - ( ) Sí.
   - ( ) No.

6. ¿Qué deciden hacer?
   - ( ) Salir a comer.
   - ( ) Hacer una fiesta.
   - ( ) Ir de día de campo.

b) Lee el diálogo 1 y verifica tus respuestas.

Diálogo 1

Son las 5:30 de la tarde, un viernes. Estamos en una agencia de viajes donde trabajan Carmen, Ana y José Manuel. Ellos se están preparando para cerrar.

Ana:	–¡Híjole! ¡Qué cansada estoy!
Carmen:	–Sí,... ¡cuánto trabajo!
Ana:	–¡Ay!, sí.
Carmen:	–I...h, mañana es 21, ¿verdad?
Ana:	–Sí, ¿por qué?
Carmen:	–Ya se me había olvidado... ¡cumplo 25 años!
Ana:	–¿De veras?, ¿por qué no nos dijiste antes?
Carmen:	–Se me olvidó por completo.
Ana:	–¿Y cómo lo vas a celebrar?
Carmen:	–No creo que lo celebre. Mis padres están de viaje...
Ana:	–¿Cómo crees?, no se cumplen 25 años todos los días.
José M.:	–¡Quiúbole! ¿Quién cumple años?, ¿tú, Carmen?
Carmen:	–Ajá...
José M.:	–Claro, ¿Te acuerdas de aquella vez en el colegio, hace mucho, que cuando cumpliste años fuimos a Las Estacas?
Carmen:	–Sí, ¿te acuerdas que tiramos a Pepe al agua?
José M.:	–¿Y qué?, ¿no lo vas a celebrar?
Carmen:	–Hmm... no creo.
José M.:	–¡Claro que lo vamos a celebrar! ¿Por qué no vamos a Las Estacas mañana?, podemos nadar.
Ana:	–¡Sí...!, vamos. Estoy segura que a mi novio le encantará la idea.
Carmen:	–Bueno... ¡órale!..., pero a ver si Pancho quiere ir.

3. Escribe cinco nombres de hombre y cinco de mujer.

Hombre

_____   _____

_____   _____

_____

Mujer

_____   _____

_____   _____

_____

a) **En un trato más familiar, algunos nombres se pueden reducir, como:**

Francisco - "Pancho" o "Paco"

Otros comunes en español son:

José - "Pepe"   Guadalupe - "Lupita"
Antonio - "Toño"   Concepción - "Concha"
Luis - "Güicho"   Mercedes - "Meche"

¿Has oído otros nombres que se reducen comúnmente? Escríbelos:

_____

4. Lee el texto que sigue.

"Las Estacas"

A dos horas en coche de la Ciudad de México, en el Estado de Morelos se encuentra un balneario de aguas cristalinas, llamado "Las Estacas".

Es un verdadero paraíso terrenal por su excepcional belleza. Alimentado constantemente por un hermoso manantial, está rodeado de cañaverales, palmeras y una exuberante vegetación tropical. Es el lugar ideal para escaparse de la ciudad. Está abierto todo el año y es especialmente recomendable en los meses de noviembre y diciembre, cuando los fríos de la ciudad se hacen cada vez más intensos.

El visitante puede, entre otras cosas, disfrutar del río dejándose llevar por la suave corriente sin temor alguno, asolearse a gusto, nadar en las albercas. Inclusive los sábados podrá disfrutar de la música afroantillana de las orquestas que allí se acostumbran presentar.

Es el lugar donde Johnny Weismuller actuó en las primeras películas de "Tarzán". No es ignorado por el que busca el deleite visual en medio de un ambiente espectacular

"Las Estacas" tiene vestidores, servicio de restorán, búngalos y algunas facilidades para acampar.

a) Escribe las respuestas.

1. ¿De qué se trata el texto?

_____

_____

2. ¿Qué características tiene el lugar?

_____

_____

3. ¿Qué se puede hacer allí?

_____

_____

4. ¿Qué películas se filmaron allí?

_____

_____

5. ¿Qué servicios tiene el balneario?

_____

_____

6. ¿Te gustaría ir a Las Estacas?, ¿por qué?

_____

_____

b) Haz lo que se te indica:

1. ¿Qué frases utiliza el folleto para convencerte? Subráyalas en el texto.
2. Piensa en algún lugar que te guste mucho. Escribe algunas frases que usarías para convencer a un compañero de que vaya a ese lugar.

_____

_____

_____

_____

3. Trata de convencer a un compañero de que te acompañe a ese lugar.
4. Compara tu elección con la de tu compañero.

c) Elena, la esposa de José Manuel, es francesa y no sabe qué es "Las Estacas". Escribe, con base en la información del texto, los datos esenciales que describen el balneario.

_____

_____

_____

5. Escucha el diálogo 2.

a) Marca con una paloma (✔) en los cuadros lo que llevará cada persona.

	pollo rostizado	ensalada griega	postre	papas y botanas	vasos, platos, mantel, servilletas	hielera	bebida refrescos
Ana							
José Manuel							
Pancho							
Carmen							

b) Lee el diálogo 2 y verifica tus respuestas.

Pancho, el novio de Carmen, y Elena, la esposa de José Manuel, aceptan ir a Las Estacas.

Diálogo 2

Ana:	–¿Qué llevamos?, ¿sándwiches?
José M.:	–No, por favor. Vamos a llevar algo más rico. ¿Qué les parece si hacemos un guisado de carne con verduras?
Carmen:	–Pancho es vegetariano...
Pancho:	–No le hace...
José M.:	–Entonces, llevamos tacos.
Elena:	–¿Tacos? Es mucho trabajo. ¿No les parece?

José M.:	–Yo preparo... tinga poblana... ¡es tu favorita!, ¿no, Carmen?
Carmen:	–Sí, pero, ¡es mucho trabajo!
José M.:	–No importa.
Elena	–¡Pero no tenemos los ingredientes!, tenemos que comprarlos y no tenemos tiempo.
Ana:	–¿Por qué no mejor compramos pollos rostizados?
Elena:	–Sí. Yo pienso que ésa es una buena idea. Además, yo voy a hacer una ensalada griega con aceitunas y queso. ¿Está bien, Pancho?
Pancho:	–Gracias, Elena, pero no te molestes.
Elena:	–No es molestia, ¡es un placer!
José M.:	–Entonces, ya que no voy a hacer la tinga, me encargo de los refrescos y de la bebida. Carmen, ¿puedes llevar tu hielera?
Ana:	–Yo voy a llevar el postre. Ésa es mi especialidad.
Carmen:	–¿Qué vas a hacer?
Ana:	–Es una sorpresa. Es una receta de mis tías. Ah, pero hay que llevar algunas botanas, ¿no?
Pancho:	–Si quieren, nosotros llevamos papitas fritas y esas cosas.
Elena:	–No te preocupes. Nosotros tenemos en nuestra casa. No hace falta.
José M.:	–Bueno, entonces ya está lo de la comida. Pollo, ensalada, botanas y postre. Pancho, ¿tú puedes traer vasos, platos, servilletas y esas cosas?
Pancho:	–Bueno, está bien.

6. ¿Cómo se llaman estos objetos? Escribe su nombre en la línea que corresponda.

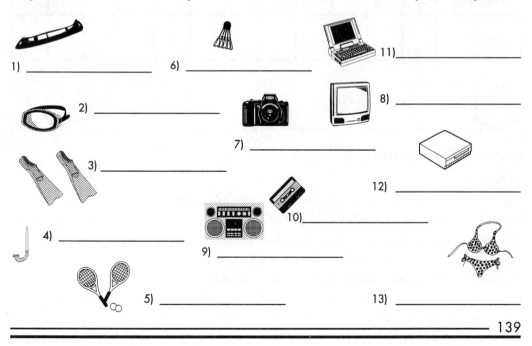

1) _____

2) _____

3) _____

4) _____

5) _____

6) _____

7) _____

8) _____

9) _____

10) _____

11) _____

12) _____

13) _____

7. Escucha el diálogo 3 y llena el cuadro siguiente.

¿Qué va a llevar cada quién al día de campo?

a) Marca con una paloma (✔) el cuadro del objeto que lleva cada persona.

	Cámara	raquetas de bádminton	raquetas de tenis	canoa inflable	visor, aletas, esnórqueles	grabadora	casete de música brasileña	televisión	videocasetera	computadora	casete de música antillana	trajes de baño
Ana												
José Manuel												
Elena												
Francisco												
Carmen												

b) Lee el diálogo 3 y verifica tus respuestas.

Diálogo 3

Ana: —Oigan, no olviden sus trajes de baño para nadar.

Carmen: —No, no. Eso nunca se nos olvida.

Pancho: —Voy a llevar mi cámara. Oye, Ana, tú tienes raquetas de bádminton, ¿no?

Ana: —No, las mías son de tenis. Puedo llevarlas.

Carmen: —Si quieren, yo llevo mis raquetas de bádminton.

Pancho: —¡Ay, claro!, tú tienes unas. ¡Ah!, y también tienes una canoa inflable, ¿no?

Carmen:	–Pero está muy vieja.
Ana:	–Yo sí tengo una... si quieren, llevo la mía. Oigan, ¿quién tiene visores, aletas y esnórqueles?
Elena:	–Nosotros tenemos dos visores.
Carmen:	–Ah, pues lleven los suyos, y yo voy a ver si mis vecinos tienen más equipo. Ellos acampan muchísimo.
José M.:	–Yo voy a llevar mi grabadora. Pancho, tus casetes de música brasileña son buenísimos, ¿por qué no los llevas?
Pancho:	–Hmmm, sí, está bien, pero no se olviden de llevar sus casetes de música afroantillana. Así podemos bailar.
José M.:	–De acuerdo, eh... ¿Qué más llevamos?
Ana:	–Yo creo que ya es suficiente, ¿no les parece?
José M.:	–¡Pero mañana es la final de la temporada de futbol! Voy a llevar mi tele.
Elena:	–¡José Manuel! ¡Qué exagerado!, si seguimos así, ¿por qué no traes tu video-casetera y tu computadora?
José M.:	–Elena, ¡sólo estoy bromeando!

8. a) Escucha el diálogo 4 y contesta.

1. Se van a ver en la casa de Ana porque ( ) es la única casa que todos conocen.
( ) es la que está más cerca de la carretera.

2. ¿Van a llevar la combi de José Manuel? ( ) Sí.
( ) No.

3. ¿Cuántos coches se van a llevar? ( ) Uno.
( ) Dos.

4. ¿A qué hora se van a ver? ( ) A las 9:30.
( ) A las 10:00.

b) Lee el diálogo 4 y verifica tus respuestas.

Diálogo 4

Ana:	–¡Híjole!, ya son las 6:30. ¿En dónde nos encontramos mañana?
Pancho:	–¿Por qué no nos vemos en tu casa, Ana? Está cerca de la salida a Cuernavaca, ¿no?
Ana:	–Bueno, pero... ¿cuántos coches nos llevamos? José Manuel, ¿ustedes no pueden traer su combi? Así podemos ir todos en un coche.

José M.:   —El problema es que necesita afinación.

Ana: —Pero no importa tanto ¿o sí?

Pancho: —Si quieren, le pido prestada la camioneta a mi papá. Está en perfectas condiciones.

Ana:.   —Muy bien. ¿A qué horas nos vemos? ¿A las... 9:30, les parece bien?

Pancho: —Mejor a las 10:00, ¿no?

Carmen: —¡Sale! Entonces, nos vemos en la casa de Ana a las 10:00.

Elena: —Muy bien. Nos vemos, entonces.

José M.:   —Muy bien, hasta mañana.

Ana: —¡Sale! Adiós.

9. Hagan este juego de roles: tú y un amigo van a ir el sábado próximo a un balneario. Toma el papel de A y otro compañero el de B.

A	B
1. Pedir sugerencias sobre qué llevar.	1. Dar sugerencia: sándwiches.
2. Expresar objeción, sugiere otra cosa: mole.	2. Expresar objeción: no te gusta el mole. Mejor pollo rostizado.
3. Aceptar.	3. Expresar la necesidad de llevar refrescos.
4. Ofrecer servicio: tiene refescos en casa.	4. Aceptar la sugerencia. Ofrece llevar el postre.
5. Pedir favor: B tiene hielera.	5. Aceptar.
6. Expresar gusto.	

10. Expresiones y frases.

a) Relaciona las expresiones coloquiales con el significado correspondiente.

1. Rico	( )	De acuerdo
2. Híjole	( )	Sabroso
3. Ajá	( )	No tiene importancia
4. ¡Órale!	( )	¡Qué barbaridad!
5. ¿De veras?	( )	Sí
6. No importa	( )	¡Por supuesto!
7. ¡Quiúbole!	( )	Hola
8. ¡Claro!	( )	¿Es cierto?

Vocabulario

los tacos	la botana	el balneario	los esnórqueles
la tinga	la comida	los trajes de baño	los visores
los pollos rostizados	el postre	la cámara	las aletas
los sándwiches	los vasos	las raquetas de bádminton	la grabadora
la ensalada	los platos	las raquetas de tenis	los casetes
las papas fritas	las servilletas	la canoa inflable	el equipo de acampar

Estudia.

Los adjetivos posesivos

– **Expresan posesión o pertenencia.**

– **Se colocan antes del sustantivo.**

– **Concuerdan en número con el sustantivo.**

En el caso de nuestro -a, -os, -as, también concuerdan en género.

Ejemplos:

<u>Mis</u> visores están en <u>mi</u> maleta.
Ana tiene <u>sus</u> raquetas en el coche.
Hay que llevar <u>nuestra</u> cámara.

Adjetivos posesivos

(yo)	MI/MIS	Él es <u>mi</u> jefe, ellos son <u>mis</u> empleados.
(tú)	TU/TUS	<u>Tu</u> casa es bonita, <u>tus</u> libros son antiguos.
(él)	SU/SUS	<u>Su</u> familia y <u>sus</u> amigos son extranjeros.
(ella)	SU/SUS	<u>Su</u> televisor está descompuesto, y <u>sus</u> videos están en casa de <u>su</u> hermana.
(nosotros)	NUESTRO-A/ OS-AS	<u>Nuestro</u> tapete está nuevo, nuestra casa ya es muy vieja. <u>Nuestros</u> muebles y <u>nuestras</u> lámparas son de colores modernos.
(ellos)	SU/SUS	<u>Su</u> niño y <u>sus</u> sobrinos son encantadores.
(ellas)	SU/SUS	<u>Su</u> mantel y <u>sus</u> servilletas están sucios.
(ustedes)	SU/SUS	<u>Su</u> computadora y <u>sus</u> videos están viejos.
(usted)	SU/SUS	Usted tiene <u>su</u> pasaporte y <u>sus</u> papeles en orden.

11. En los siguientes textos, subraya los adjetivos posesivos que encuentres.

Mis lentes están rotos.

Su mujer es una dama muy bella, Sr. Smith.

No sé en dónde están sus hijos y no me importa.

Tus errores en el examen son sólo faltas de atención.

Los padres se molestan con las actitudes de sus hijos adolescentes.

El jefe me dio su coche y su oficina cuando me ascendió de puesto.

Su empleado está usando mi computadora hace dos horas.

El primer ministro le da al presidente su pluma para que firme el acuerdo de paz.

12. Haz lo que se te pide. Toma en cuenta la información entre paréntesis.

a) Escribe el adjetivo posesivo.

1. (de ellos)   Cuando los papás viajan siempre causan problemas a _____ hijos.

2. (de mí)   _____ apellido no es de origen extranjero.

3. (de Ud.)   Me gustan mucho _____ cuadros. ¿Cuándo me va a vender unos?

4. (de ti)   ¡Es increíble cómo ha crecido _____ hija!

5. (de Ud.)   _____ doctor no es cuidadoso.

6. (de mí)   Todos ellos son _____ compañeros de clase.

7. (de ti)   Carlos,_____ perros ladran toda la noche y no me dejan dormir.

8. (de nosotros) Me avisaron que _____ maestro está enfermo, y por eso no va a venir a dar la clase hoy.

9. (de él)   Don Miguel es un comerciante, siempre habla de _____ negocio.

10. (de nosotros) Ya tenemos todo _____ equipo de natación en la maleta.

b) Cambia las siguientes frases al singular. Añade el verbo SER o ESTAR conjugado.

Ejemplo: Mis amigas (contentas)
Mi amiga está contenta hoy.

1. Mis libros no (nuevos).

_____

2. Sus vecinos siempre (amables).

_____

3. Sus fotos (buenas).

_____

4. Mis hermanos (serios).

_____

5. Tus invitados (alegres).

_____

6. Tus tías (enojadas).

_____

7. Nuestros hijos (inteligentes).

_____

8. Nuestras exposiciones (interesantes).

_____

9. Nuestros primos (franceses).

_____

10. Nuestros amigos (jóvenes).

_____

c) Conjuga el verbo TENER y escribe el adjetivo posesivo.

1. Yo _____ unos zapatos parecidos a los que traes.
_____ zapatos son muy bonitos.

2. Mi hermana _____ un visor que me puede prestar.
_____ visor es verde.

3. Nosotros _____ un buen equipo de acampar.
_____ equipo está completo.

4. Ustedes _____ unos amigos muy simpáticos.
_____ amigos tienen un gran sentido del humor.

5. Ellos _____ un perro de raza.
_____ perro es un pastor alemán.

Estudia.

Pronombres posesivos	
(yo)	mío, mía, míos, mías
(tú)	tuyo, tuya, tuyos, tuyas
(él, ella, usted)	suyo, suya, suyos, suyas
(nosotros, nosotras)	nuestro, nuestra, nuestros, nuestras
(ellos, ellas, ustedes)	suyo, suya, suyos, suyas

Los pronombres posesivos concuerdan en género y número con el nombre que sustituyen.

Ejemplos:

Mi casa es bonita. La <u>tuya</u> también.

Nuestros hijos están en la preparatoria. Los <u>míos</u> van en la mañana, y los <u>suyos</u> en la tarde. (de mi prima)

Tú estudias en tu casa, y yo en la <u>mía</u>.

13. Haz los siguientes ejercicios.

a) Llena los espacios en blanco con el adjetivo o pronombre posesivo según haga falta. Usa el pronombre personal entre paréntesis como guía.

Ejemplo: Vamos a recibir (nosotros) _nuestro_ título el jueves en la ceremonia de la escuela.

1. No pienso celebrar (yo) _____ cumpleaños.

2. (Ella) _____ novio se llama Pedro.

3. A Pancho le fue bien en (él) _____ examen.

4. Vamos a ver a (tú) _____ familia la semana que viene.

5. El salmón ahumado es (yo) _____ platillo favorito.

6. Nos vamos a llevar (nosotros) _____ trajes de baño.

7. (Yo) _____ canoa inflable está muy vieja.

8. A.: –Nosotros tenemos dos visores.

   B.: –Ah, pues lleven los (ustedes) _____.

9. ¿No puedes traer (tú) _____ casete de música brasileña?

b) Para cada frase, escribe el pronombre o adjetivo posesivo adecuado.

1. Mi historia es interesante, pero la (usted) _____ es más.

2. (ellos) _____ costumbres son distintas a las nuestras.

3. (ustedes) _____ trabajo parece muy bueno, muchachos, pero no mejor que el del grupo 204.

4. Mis lentes de sol son más grandes que los (usted) _____.

5. Ésta no es tu pluma, es la (nosotros) _____.

c) Haz lo mismo en el siguiente diálogo.

A.:   —¿Puedes traer (tú) _____ cámara a la fiesta?

B.:   —La (yo) _____ está descompuesta, pero la de (yo) _____ hermano está perfecta.

A.:   —Ojalá que él pueda prestarnos la (él) _____.

B:.   —¿(tú) _____ papás tienen varias mesas plegables, verdad?

A: —Sí, pero están en mal estado. Es mejor pedirle a Juan las (él) _____.

B:.   —Ah, es cierto. Él las trajo el año pasado.

A.:   —¿Qué más nos falta?

B.:   —Creo que eso es todo... Ya sé... le voy a preguntar a Anita si ella puede traer (ella) _____ casetes.

A.:   —Pero, ¿no crees que los casetes que va a traer Pedro son suficientes?

B.:   —Sí, pero Anita tiene muy buen gusto para la música.

A.:   —Sí, es cierto.

Estudia.

IR + a + infinitivo = futuro
Ejemplos:
Yo -   Voy a comprar una nueva enciclopedia el mes próximo.
Tú -   ¿No vas a ir a la fiesta del grupo?
Él -   ¿A qué hora va a pasar Pedro por el paquete?
Ella -   Ana va a buscar los lentes en estas dos ópticas.
Usted -   ¡Usted va a buscar los lentes en estas dos ópticas!
Nosotros - Los compañeros vamos a organizar una excursión a Yucatán para las vacaciones de Navidad.
Nosotras - Susy y yo no vamos a tomar ese curso porque es muy caro.
Ustedes - Ustedes van a ir al cine.
Ellos -   Los estudiantes van a escribir una tesis cuando terminen sus cursos.
Ellas -   Las niñas no van a tener su clase de natación porque hoy está haciendo mucho frío.

14. a) Marca la opción correcta.

1. Nosotros _____ *a ir* a la Costa Azul en abril.
   a) VAMOS   b) VOY

2. Ellos no _____ *a comprar* los ingredientes para la tinga poblana.
   a) VAS   b) VAN

3. Claro que Ana _____ *a llevar* su hielera al día de campo.
   a) VA   b) VOY

4. Nosotros _____ *a ir* a la Costa Azul en abril
   a) VAMOS   b) VOY

5. ¿Por qué no me dices qué _____ *a traer* (tú) a mi fiesta el próximo viernes?
   a) VAS   b) VAN

b) Contesta libremente las siguientes preguntas.

1. ¿Qué van a comprar en el mercado?

   _____

2. ¿Qué regalo le vas a dar a tu novio(a) el 14 de febrero?

   _____

3. ¿De qué color vas a tejer la bufanda?

   _____

4. ¿A dónde van a viajar en verano?

   _____

5. ¿A dónde te vas a mudar mañana?

   _____

6. ¿En qué banco vas a depositar ese dinero?

   _____

7. ¿Cuándo vas a comprar los boletos para el concierto?

   _____

8. ¿Cuándo vas a conocer a la bailarina de este ballet?

   _____

9. ¿Cuándo te van a entregar tu pasaporte?

   _____

10. ¿A dónde mandará a su hija a estudiar?

   _____

Funciones comunicativas

–Sugerir	¿Qué les parece si llevamos pollos rostizados?
	Si quieren, nosotros llevamos las botanas.
– Aceptar la sugerencia	Sí, yo pienso que es una buena idea.
	¡Claro!
– Rechazar la sugerencia	De ninguna manera.
– Comprometerse	Yo me encargo de hacer tinga.
– Expresar una acción futura	Vamos a celebrar tu cumpleaños
– Brindar	Brindo por tu cumpleaños
– Felicitar	Feliz cumpleaños
	Felicidades
– Persuadir	Tus casetes de música brasileña son buenísimos ¿por qué no los llevas?

15. Ordena las palabras en las columnas que correspondan.

Vestidores - tacos - papas fritas - vasos - esnórquel - platos - restaurante - ensalada griega - servilletas - visores - canoa inflable - búngalos.

comida	lugar	servicio de mesa	equipo de natación

16. Escribe el recado.

Ana pasó a casa de su novio y no lo encontró. Escribe el recado de Ana para Pedro: 1) que mañana es cumpleaños de Carmen; 2) que todos van a ir a Las Estacas; 3) que ella quiere ir con él; 4) que se van a encontrar en su casa a las 10 de la mañana, y 5) que lo espera.

Pedro:

Pasé a las 6:30 p. m. y no te encontré

_____

_____

_____

_____

_____

Un beso,
Ana.

17. Juego de roles.

a) En grupos de cinco alumnos planeen un día de campo. Tomen en cuenta lo siguiente:

¿Qué van a comer?

¿En qué medio de transporte van a ir?

¿Quién va a preparar los alimentos?

¿Dónde se van a encontrar?

¿Quién va a comprar los ingredientes?

¿A qué hora es la salida?

¿Qué van a llevar?

La comida

Contenido temático

En el mercado •
Costumbres relacionadas con la comida •
Preparación de recetas de cocina •
En el restaurante •

Objetivo de comunicación

Ofrecer •
Pedir/dar información •
Solicitar/pedir algo •
Sugerir/recomendar •
Expresar preferencia •
Aceptar/rechazar •
Dar instrucciones •

Contenido lingüístico

Adjetivos y pronombres demostrativos •
Pronombres de objeto directo (lo, la, los, las) •
Infinitivo para dar instrucciones •

Vocabulario

La comida
La vajilla
Utensilios de cocina

1. a) Escucha el diálogo 1 y marca la opción correcta.

En el mercado

1. La señora escoge el puesto de verduras porque

( ) conoce al señor y la verdura está fresca.
( ) todo es más barato.
( ) tiene mucha variedad.

2. La señora pregunta el precio

( ) del jitomate.
( ) de la cebolla.
( ) del chile poblano.

3. Ana prefiere los chiles rellenos de

( ) queso.
( ) frijoles.
( ) picadillo.

4. La señora va a ayudar a guisar para

( ) una comida.
( ) una cena.
( ) un desayuno.

b) Lee el diálogo y verifica tus respuestas.

Ana y la señora Ramírez van al mercado sobre ruedas. La señora le va ayudar a comprar los ingredientes para hacer un platillo mexicano.

Señora:	–Ese puesto de verduras es muy bueno. Todo está muy fresco. Además, conozco al vendedor.
Ana:	–Ah, muy bien. Yo también prefiero la verdura fresca. ¿Qué vamos a comprar?
Vendedor:	–¿Qué va a llevar marchanta? Están a muy buen precio los jitomates hoy.
Señora:	–¿A cómo están?
Vendedor:	–Cinco pesos el kilo.
Señora:	–Muy bien, me llevo dos kilos, por favor. También quiero dos kilos de chiles poblanos y uno de cebollas.
Vendedor:	–Muy bien. Aquí tiene.
Señora:	–¿Cuánto es?
Vendedor:	–Diecinueve pesos. ¿Algo más?
Señora:	–No gracias, muy amable.
Señora:	–(Se dirige a Ana). Ahora... vamos a aquel puesto de crema y queso. Con estos ingredientes vamos a hacer unos chiles rellenos, riquísimos.
Ana:	–¿Chiles rellenos? ¡Qué buena idea! Me gustan mucho. Pero yo no los sé hacer.
Señora:	–No te preocupes. Yo te enseño. ¿De qué los quieres rellenar? ¿De picadillo, de queso, de frijoles...?
Ana:	–Yo prefiero de picadillo. Pero uno de mis invitados es vegetariano.
Señora:	–Entonces, los hacemos de diferente relleno.
Ana:	–Sí, claro. Estoy segura de que la cena será un éxito.

2. a) Relaciona las columnas.

Funciones		Expresiones
1. **Ofrecer**	( )	–Yo prefiero chiles rellenos de picadillo.
2. **Pedir el precio**	( )	–Están a veinte el kilo.
3. **Dar el precio**	( )	–Estos jitomates están muy frescos y maduros.
4. **Pedir la cantidad que se desea**	( )	–¿Cuánto cuestan los jitomates?
		–¿A cómo está la crema?
5. **Sugerir / recomendar**	( )	–Me llevo dos kilos de queso.
6. **Expresar preferencia**	( )	–¿Qué va a llevar marchanta?
		Tenemos crema.

b) En parejas, elaboren un diálogo usando las funciones del ejercicio anterior.

c) Escucha el diálogo y compáralo con el tuyo.

Vendedor: —¿Qué va a llevar marchanta? <u>Tenemos crema</u>.
Pruébela. <u>Es la mejor del mercado</u>.

Señora: —Hmmm... riquísima. ¿Qué precio tiene?

Vendedor: —<u>Cinco pesos</u>, el litro.

Señora: —<u>Quiero medio litro</u>, por favor. ¿Qué precio tiene el kilo de queso manchego?

Vendedor: —Tenemos éste a <u>dieciocho</u>, ése a <u>veinte</u> y aquél está en oferta a <u>quince</u> el kilo. ¿Los quiere probar?

Señora: —Sí, por favor... <u>Hmmm</u>... Quiero <u>un kilo</u> de aquél.

d) Practica con tus compañeros. Sustituyan las palabras subrayadas en el diálogo anterior.

Vocabulario

Los ingredientes

el jitomate
el tomate verde
los frijoles
la cebolla
el ajo
el chile
el cilantro
el epazote
los nopales
la sal

la pimienta   la harina   la leche
la crema   los huevos
el queso   el aceite

La vajilla y la mesa

la mesa
el mantel
las servilletas
los cubiertos
(el cuchillo, el tenedor, la cuchara,
la cucharita)
la vajilla
los platos hondos
los platos extendidos
el plato para el postre
la taza

la sopera   el vaso   el salero
el platón   la jarra   la charola
la copa   la azucarera

Los utensilios de cocina

el sartén
la cacerola
el cucharón
la parrilla
el horno
la licuadora
la taza para medir
la pala para voltear
la cuchara para mezclar
el rallador

Algunos verbos empleados para la preparación de alimentos

Regulares:

partir, rallar, vaciar, dejar, aderezar, escurrir, remojar, hornear, agregar / añadir, mezclar, batir, espolvorear, adornar, sazonar.

Irregulares:

colar (cuelo, cuelas, cuela, colamos, cuelan)

poner (pongo, pones, pone, ponemos, ponen)

cocer (cuezo, cueces, cuece, cocemos, cuecen)

hervir (hiervo, hierves, hierve, hervimos, hierven)

Las comidas en México.

Normalmente las comidas incluyen: pan, tortillas calientes y salsa picante.

HORA	COMIDA
(7:00-9:00)	**El desayuno** consiste en: pan, mantequilla, mermelada, café, café con leche, huevos, tocino, jugo, frijoles...
(11:00-12:00)	**El almuerzo**: para algunos es un "tentempié", y para otros es un desayuno fuerte (si no se desayunó).
(13:00-15:00)	**La comida** consiste en: una sopa aguada (consomé, caldo, crema), una sopa seca (arroz, pasta), un guisado o plato fuerte, frijoles, postre, refresco, cerveza o simplemente agua, café o té.
(18:00-19:00)	**La merienda** consiste en: café con leche y pan dulce.
(20:00-22:00)	**La cena** consiste en: leche, pan dulce y algún platillo como tamales, tostadas, tortas, sopes, quesadillas u otros platillos mexicanos.

Nota: En la ciudad de México, la comida se hace entre dos y cinco de la tarde y en la provincia, entre una y tres de la tarde.

Además, normalmente si se desayuna no se almuerza; si se merienda, no se cena. A veces, las cenas pueden ser iguales que la comida.

3. a) Llena el cuadro con la información de las comidas en tu país.

	Desayuno	Comida	Cena
Horario			
Contenido			
Bebidas			

b) Entrevista a un compañero de tu clase.

1. ¿Cuántas veces comes al día?	
2. ¿A qué hora desayunas?	
3. ¿A qué hora comes?	
4. ¿Qué bebes normalmente con la comida?	
5. ¿A qué hora cenas?	
6. ¿Normalmente, qué cenas?	
7. ¿Qué tipo de comida te gusta cocinar?	
8. Explícame, brevemente, cómo se prepara tu platillo favorito.	

c) Platica con tus compañeros sobre los festejos y las celebraciones en tu país y lo que se acostumbra comer en esas fiestas.

1. ¿Cuál es la fiesta más importante que se celebra en tu país? ¿Hay alguna comida especial?	
2. ¿Qué acostumbras comer en tu país en Navidad?	
3. ¿Puedes explicarme cómo se prepara alguno de los platillos más típicos para la cena de Navidad?	
4. ¿Celebran en tu país el día de Acción de Gracias? ¿Cómo?	

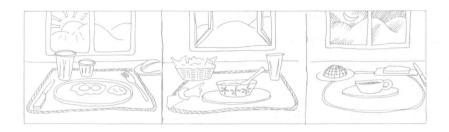

4. Escucha la receta de chiles rellenos.

a) ordena las instrucciones.

La señora Ramírez explica a Ana cómo hacer los chiles rellenos.

Chiles rellenos de queso

Para 6 personas

Ingredientes:

> 12 chiles poblanos
> 5 jitomates
> 2 cebollas
> 2 dientes de ajo
> 1 cucharada de consomé en polvo
> hierbas de olor al gusto
> ½ taza de aceite
> 12 rebanadas gruesas de queso manchego
> ½ taza de harina
> 2 huevos
> ½ litro de crema

Preparación

_____ Para hacer el caldillo, acitronar el ajo y la cebolla picada en aceite.

_____ Enseguida agregar los jitomates picados en cuadritos, añada sal, pimienta y hierbas de olor.

_____ Agregar caldo de carne y dejarlo hervir para sazonar.

_____ Introducir las rebanadas de queso en los chiles, y cubrir cada uno de los chiles con la mezcla.

_____ Primero asar los chiles. Limpiarlos y desvenarlos.

_____ Batir las claras hasta que estén a punto de turrón y agregar las yemas.

_____ Pasar cada chile por la harina y luego por el huevo.

_____ En un plato hondo colocar la harina.

_____ En otro sartén, freír los chiles capeados.

_____ Finalmente, poner los chiles en el caldillo y cocerlos a fuego lento.

_____ Servirlos calientes y cubrirlos con crema.

_____ Acompañarlos con arroz blanco y frijoles.

b) Ahora escribe las instrucciones que corresponden a:

1. Manera de preparar la salsa:

_____

_____

_____

_____

2. Manera de preparar los chiles:

_____

_____

_____

_____

3. Manera de servir:

_____

_____

_____

_____

c) Lee la receta y verifica tus respuestas.

Ana: –Sra. Ramírez muchas gracias por la receta de los chiles rellenos, ¿me la puede explicar?

Sra. Ramírez: –Con todo gusto Ana. Mira, primero compras los ingredientes y después tienes que hacer lo siguiente:

Primero asar los chiles, envolverlos en una bolsa de plástico, después de 10 minutos, limpiarlos y desvenarlos. Para hacer el caldillo: poner una cacerola al fuego con aceite, acitronar el ajo y la cebolla picada, enseguida agregar los jitomates picados y dejar todo sazonar. Cuando estén sazonados añadir sal, pimienta y hierbas de olor; agregar el caldo de carne o pollo hasta que hierva un rato. Después de que ya están los chiles limpios y desvenados, rellenarlos con rebanadas de queso y, en un plato hondo, poner harina y pasar los chiles por la harina.

Ana: –¡Ay!, señora, creo que se necesita mucho tiempo para prepararlos.

Sra. Ramírez: –Sí, pero son deliciosos, vale la pena. Mira, ahora, tienes que batir las claras a punto de turrón y agregar las yemas, pasar los chiles ya enharinados por el huevo batido y, en un sarén, con aceite caliente, freírlos de uno en uno; colocarlos sobre un papel para quitar el exceso de aceite y ponerlos en el caldillo a cocer a fuego lento, de 5 a 10 minutos.

Para servirlos, en cada plato sirves uno o dos chiles, cubrirlos con queso y acompañar con arroz o frijoles.

Ana: –¡Qué delicia! Mañana mismo los voy a preparar. Muchas gracias señora.

Sra. Ramírez: –De nada, que a tu familia le gusten. Recuerda que es un platillo típico mexicano.

d) Lee el siguiente texto y numera las oraciones de acuerdo con el orden de las instrucciones.

Ana pide a su amiga Lilia la receta de la ensalada de nopales. Quiere prepararla el día de la cena en su casa.

Ensalada de nopales

Ingredientes:

6 nopales
2 jitomates
1 cebolla mediana
150 gramos de queso
aceite de oliva
cilantro picado
sal y orégano al gusto

Manera de prepararse:

Picar los nopales en cuadros pequeños y cocerlos en agua con sal durante 20 minutos hasta que se suavicen. Escurrir en una ensaladera y aderezar con el aceite de oliva y el orégano. Después adornar con los jitomates y la cebolla cortados en rodajas.

Por último, espolvorear el queso y agregar el cilantro.

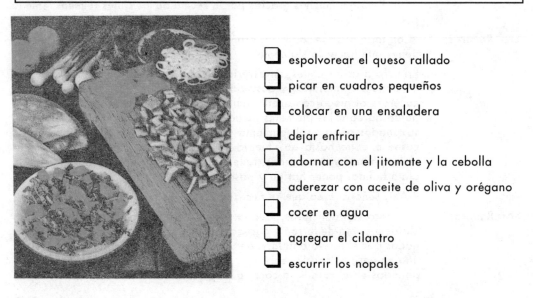

☐ espolvorear el queso rallado

☐ picar en cuadros pequeños

☐ colocar en una ensaladera

☐ dejar enfriar

☐ adornar con el jitomate y la cebolla

☐ aderezar con aceite de oliva y orégano

☐ cocer en agua

☐ agregar el cilantro

☐ escurrir los nopales

5. Escribe la receta de algún platillo o bebida que te guste mucho.

Ingredientes:

_____ _____

_____ _____

_____ _____

Preparación:

_____

_____

_____

_____

_____

_____

6. Escucha el diálogo y marca la opción correcta. (Ve el menú del restaurante.)

Alberto Ramírez y su esposa, Lilia, llevan a Klaus, su amigo alemán, a comer a un restaurante.

1. Escogen esa mesa porque
( ) tiene una bonita vista.
( ) no hay mucho ruido.
( ) es muy amplia.

2. Ellos piden de beber
( ) un aperitivo.
( ) unas cervezas y una naranjada.
( ) una naranjada y unos refrescos.

3. De guisado, Klaus y Alberto prefieren
( ) costilla de res y lomo enchilado.
( ) queso de cazuela y chalupitas.
( ) chicharrón y costilla.

4. Para empezar piden dos órdenes de
( ) quesadillas.
( ) tostadas.
( ) chalupitas.

5. El mesero les ofrece
( ) café.
( ) algunos postres.
( ) galletas.

a) **Lee el diálogo y verifica tus respuestas.**

Alberto: –¿Qué les parece esta mesa?

Klaus: –Muy bien.

Lilia: –¡Joven!

Mesero: –¿Sí? Buenas tardes. En un momento les traigo la carta. ¿Gustan ustedes un aperitivo?

Lilia:	–Para mí no, gracias. Sólo déme una naranjada, por favor.
Alberto:	–Yo quiero una cerveza fría, por favor.
Klaus:	–Hmmm... yo también quiero una cerveza, gracias. (*Unos minutos después, el mesero sirve las bebidas.*)
Mesero:	–¿Desean ordenar?
Lilia:	–¿Me puede traer la sopa de hongos, eh... unos tacos de bistec y un café? Por favor.
Mesero:	–Sí, cómo no. ¿Y usted señor?
Klaus:	–Yo quiero el chicharrón en salsa con frijoles. ¿No sabe si pica mucho?
Mesero:	–Sí, señor, pica un poquito.
Klaus:	–Entonces, no.
Mesero:	–¿Prefiere usted una costilla de res o una cazuela de queso? No tiene nada de chile.
Klaus:	–Bueno, la costilla por favor.
Mesero:	–(*A Alberto.*) ¿Desea ordenar, señor?
Alberto:	–Sí, yo quiero un lomo enchilado. Ah, y tráiganos dos órdenes de chalupitas, por favor.
Mesero:	–¿Van a querer algún postre? Tenemos pastel, flan, chongos, arroz con leche.
Alberto:	–Por lo pronto está bien así. Al final vemos si queremos un postre.
Mesero:	–Está bien. ¡Buen provecho!
Lilia:	–Gracias.

b) Practica los diálogos con tus compañeros.

Ejemplo:

> Mesero: –¿Le traigo unas enchiladas?
>
> Cliente: –No, gracias. No tengo mucha hambre.
>
> Mesero: –¿Prefiere una ensalada?
>
> Cliente: –Sí, por favor.

Mesero:

–¿Les traigo	una carne asada? unos tacos de bistec? unas quesadillas? un café? una cerveza?

Cliente:

–No, gracias. No me gusta el café.
–No, gracias. Para mí ya es suficiente.
–No, no tengo mucha hambre.
–No, así está bien, gracias.

Mesero:

–¿Prefiere usted	la sopa del día? unos tacos de...? unos tamales de dulce? un pastel de queso?

Cliente:

–No, nada más, gracias.
–Bueno, tráigame...
–Sí, por favor.
–Sí, prefiero...

Estudia.

Adjetivos demostrativos

– Sirven para señalar.

– Indican la distancia que hay entre el hablante y el objeto.
   Este queso está en oferta.

– Concuerdan con el objeto en género y número.
   En **ese puesto**, los jitomates están muy baratos.

Masculino		Femenino	
singular	**plural**	**singular**	**plural**
este	estos	esta	estas
ese	esos	esa	esas
aquel	aquellos	aquella	aquellas

Esta taza   Ese salero   Aquel florero

Pronombres demostrativos

– Sustituyen a un sustantivo y se acentúan para diferenciarlos de los adjetivos.

> Este libro es de mi hermano, pero **ése** es mío.
> Esta ensalada es muy buena, pero **ésa** no me gusta.

Los pronombres neutros no necesitan acento.

– Se refieren a ideas expresadas con anterioridad:

> ¿Por qué dices **eso**?

– Se refiere a objetos o situaciones desconocidos para el hablante:

> ¿Qué es **esto** que está aquí?

Masculino		Femenino		Neutro
singular	plural	singular	plural	
éste	éstos	ésta	éstas	esto
ése	ésos	ésa	ésas	eso
aquél	aquéllos	aquélla	aquéllas	aquello

El objeto directo

– El objeto directo puede ser una cosa o una persona.

> Manuel compra **dulces**   Mi hermana visitó **a la maestra**
>   OD   OD

– Si el objeto directo es una persona, siempre lleva la preposición <u>a</u>.

> Veo **a mis hermanos**

– El complemento u objeto directo se puede sustituir por un pronombre que se coloca antes del verbo.

> ¿Qué vemos?   Nosotros vemos **la televisión**   **la** vemos
> ¿A quién vemos?   **a Juan**   **lo** vemos

Pronombres de objeto directo en tercera persona

lo	Yo compro **el queso** en ese puesto.	**lo** compro
la	Josefina prepara **la comida** los lunes.	**la** prepara los lunes
los	Yo prefiero **los chiles** rellenos de picadillo.	**los** prefiero de picadillo
las	Esa señora vende **verduras** muy frescas.	**las** vende muy frescas

– Cuando la oración es negativa, el pronombre de objeto directo se usa así:

> Yo no como **verdura**.

no	+	O.D.	+	verbo
no		la		como

7. Haz los siguientes ejercicios.

a) Utiliza los adjetivos: este, esta, estos, estas.

1. _____ frutas están muy buenas.

2. ¿Es bueno _____ restaurante?

3. ¿Cuánto cuestan _____ pasteles?

4. _____ silla está rota.

5. _____ copas son para el vino tinto.

b) Utiliza los adjetivos: ese, esa, esos, esas.

1. _____ chalupitas se ven deliciosas.

2. _____ restaurante es argentino.

3. ¿Cómo se preparan _____ nopalitos?

4. ¿Pican mucho _____ chilaquiles?

5. _____ cerveza es ligera.

c) Utiliza los adjetivos: aquel, aquella, aquellos, aquellas.

1. Llama a _____ mesero, por favor.

2. _____ señorita nos atendió.

3. ¿De quién son _____ libros?

4. ¿Quiénes son _____ mujeres?

5. _____ señor me conoce bien.

d) Usa los pronombres demostrativos necesarios. Observa el ejemplo:

      A.:   –Estas llaves son mías.

      B.:   *–¿Y aquéllas?*

      A.:   *–¿Aquéllas? Son de mi papá.*

1. A.: Esos niños son mis hijos.

    B.: _____

    A.: _____

2. A.: Estas bolsas son de piel.

    B.: _____

    A.: _____

3. A.: Aquel coche es de mi sobrino.

    B.: _____

    A.: _____

4. A.:Aquellas flores son de plástico.

   B.: _____

   A.:_____

5. A.:Este pastel es de chocolate.

   B.: _____

   A.:_____

e) Elige el adjetivo o pronombre demostrativo que corresponda.

1. A.:–¿Ésta es la ensalada que tú trajiste?

   B.:–No, es _____.

   　–aquella　　　　　　–aquélla

2. _____ comedor me recuerda mucho al de mi abuelita.

   　–Este　　　　　　–Éste

3.A.:–¡Es el colmo!

   B.:–¿Por qué? ¿Qué te pasa?

   A.:_____ grabadora no funciona.

   　–Esta　　　　　　–Ésta

   B.:¿Y por qué no usas _____?

   　–ésa　　　　　　–esa

4.A.:–¡Ah, _____ tiempos.

   　–aquellos　　　　　　–aquéllos

   B.:–¡Qué nostálgico!, ¿en qué piensas?

   A.:–En _____ tiempos, antes de la guerra.

   　–aquellos　　　　　　–aquéllos

5. A.:–Esos libros son míos.

   B.:–Y _____,¿de quién son?

   　–aquellos　　　　　　–aquéllos

6. A.:–¿Este coche es el tuyo?

   B.:–No es _____.

   　–aquel　　　　　　–aquél

f) En parejas, practiquen los verbos QUERER y PREFERIR.

   Ejemplo: A.: –¿Quiere / quieres sopes rancheros?

       B.: –No, no quiero sopes, prefiero frijoles con chorizo.

1. bar / discoteca
2. café / té
3. arroz / pasta
4. tenis / bádminton
5. jazz / rock
6. costilla asada / chilaquiles
7. arroz con leche / flan de vainilla

g) Escribe la pregunta a la respuesta anotada. Utiliza los verbos QUERER y PREFERIR.

1. _____

 No, gracias, no me gustan las verduras. Prefiero el espagueti.

2. _____

 No, no me gusta. Prefiero una sopa de tortilla.

3. _____

 No, preferimos ir de día de campo.

4. _____

 No, ellos prefieren oír música clásica.

5. _____

 No, gracias. Sólo queremos unos tacos.

6. _____

 No, yo prefiero caldo de pollo.

h) Sustituye el sustantivo por un pronombre de objeto directo.

Ejemplo: Yo pedí **la cerveza**   *Yo la pedí.*

El señor González pagó **la cuenta**   *La pagó el señor González.*

1. Ella compró esta olla de barro.   _____

2. El mesero sirvió el vino.   _____

3. Mario guardó la vajilla.   _____

4. Juan y Pepe pidieron pescado frito.   _____

5. Nosotros probamos las quesadillas.   _____

6. Los muchachos piden cerveza.   _____

7. Usted pidió las enchiladas.   _____

8. Lilia compró los ingredientes.   _____

9. Nosotros queremos pescado.   _____

10. María pidió un refresco.   _____

i) Elige la respuesta correcta.

1. ¿Estacionaste el coche?
   a. Sí, lo estacionamos.
   b. Sí, lo estacioné.
   c. Sí, lo estacionaste.
   d. Sí, lo voy a estacionar.

2. ¿Conoces la oficina de correos?
   a. No, no las conozco.
   b. No, no lo conozco.
   c. Sí, la conozco.
   d. Sí, los conozco.

3. Llamamos a la maestra.
   a. La llamamos.
   b. Lo llamamos.
   c. Las llamamos.
   d. Los llamamos.

4. ¿Buscas a las niñas?
   a. Sí, la busco.
   b. Sí, lo busco.
   c. Sí, los busco.
   d. Sí, las busco.

5. Preferimos construir una casa.
   a. Lo prefiero construir.
   b. La prefiero construir.
   c. Los prefiero construir.
   d. Las prefiero construir.

6. ¿Piensan arreglar sus clósets?
   a. Sí, lo pensamos arreglar.
   b. Sí, la pensamos arreglar.
   c. Sí, los pensamos arreglar.
   d. Sí, las pensamos arreglar.

7. ¿Sabe usted resolver el ejercicio?
   a. No, no la sé resolver.
   b. No, no lo sé resolver.
   c. No, no las sé resolver.
   d. No, no los sé resolver.

j) En las siguientes oraciones, sustituye el pronombre de objeto directo por un sustantivo. Observa el ejemplo:

Las quiero. *Quiero unas vacaciones.*

1. Los cuidamos.

_____

2. Las necesito.

_____

3. Lo leemos todos los días.

_____

4. La extraña mucho.

_____

5. Lo llaman con urgencia.

_____

6. La compro en el mercado.

_____

k) Completa el diálogo con los pronombres de objeto directo necesarios.

A.:   –¿Ya preparaste la ensalada?

B.:   –Sí, ya _____ preparé.

A.:   –¿Dónde compró usted los camarones?

B.:   – _____ compré en el mercado de la Viga.

A.:   –¿Ya invitaron a Juan?

B.:   –Sí, ya _____ invité.

A.:   –Disculpe, señora, ¿usted pidió las enchiladas de mole?

B.:   –No, yo no _____ pedí. Yo pedí las tostadas de pollo.

l) Contesta las siguientes preguntas. Utiliza los pronombres de objeto directo.

1. ¿Cuándo tomas tus vacaciones?

_____

2. ¿A qué hora hacen ustedes las compras?

_____

3. ¿Cuándo baña Luisito a su perro?

_____

4. ¿A qué hora toman tequila Pablo y Lucía?

_____

5. ¿Cuántas veces al año visitan ellos al médico?

_____

6. ¿Cada cuándo ves a tus amigos?

_____

7. ¿Cuántas veces por semana compras el pan?

_____

Funciones comunicativas	
– Ofrecer	¿Quiere probar el queso?
	¿Qué le puedo ofrecer?
	¿Gusta usted un aperitivo?
	¿Le traigo algo de tomar?
– Pedir / dar información sobre precios	¿Cuánto cuesta el kilo de queso?
	¿A cómo está el kilo de carne?
	¿Qué precio tiene el kilo de jitomate?
	Cuesta 12 pesos el kilo.
	Está a 40 pesos el kilo.
	Cinco pesos el kilo.
– Solicitar / pedir algo	Me puede traer la carta, por favor.
	Quiero la comida corrida.
	Quiero la ensalada César.
– Sugerir / recomendar	Le sugiero las chalupitas para empezar.
	Le recomiendo la sopa de hongos.
– Expresar preferencia	Prefiero la sopa de flor de calabaza.
	No quiero carne asada, prefiero costilla.
– Aceptar / rechazar	Sí, está bien, gracias.
	No, gracias.
– Pedir la cuenta	La cuenta, por favor.
– Dar instrucciones	Primero partir los nopales, luego cocerlos, enseguida adornarlos y finalmente, agregar el cilantro.

8. Relaciona la expresión con el dibujo y la función.

Expresiones

1. Yo quiero una cerveza fría, por favor.

2. ¿Cuánto cuesta el menú del día?

3. ¿Me trae la cuenta, por favor?

4. No, no quiero tacos, prefiero espagueti.

5. Bueno, está bien.

6. ¿Gustan unos pasteles?

7. ¿Me trae un plato, señorita?

(   )

(   )

(   )

(   )

(   )

(   )

Funciones

( ) pedir la cuenta

( ) pedir información sobre precios

( ) pedir algo que falta

( ) ofrecer

( ) rechazar y preferir

( ) aceptar

( ) elegir algo

9. El juego del gato.

Se divide el grupo en dos. Un equipo es O y el otro X.

Un equipo hace una oración usando una función comunicativa.

El otro equipo dice qué función es. Si pierde, el otro equipo puede contestar.

El equipo que llene primero los espacios, gana.

rechazar	pedir la cuenta	ofrecer
sugerir	aceptar	pedir algo
pedir algo que falta	expresar preferencia	pedir el precio

10. Lee los anuncios de la revista *Tiempo libre* y contesta las preguntas.

1. ¿De qué países anuncian comida?

_____

2. ¿Cuáles son las características del restaurante Benkay?

_____

3. ¿Cuáles restaurantes están en la Zona Rosa?

_____

4. ¿En qué restaurantes hay acceso para silla de ruedas?

_____

5. ¿Cuál restaurante ofrece servicio a domicilio?

_____

6. ¿En cuál restaurante hay espectáculos en la noche?

_____

7. ¿Qué tipo de decoración tiene el restaurante Mazurka?

8. ¿En cuál de los restaurantes es necesario hacer reservación?

MEXICANA

EL TAPANCO. Camino a San Mateo 2, frente a Echegaray, Santa Cruz Acatlán, 373-8939, 373-8919 y 373-8959. Especialidades: camarones a la barbacoa, huevos Tapanco, filete Tapanco, fajitas de arrachera, cecina de res al mezcal. Servicio: lunes a sábado de 7:30 a 1:00; domingo de 7:30 a 19:00 horas. Estacionamiento, acomodador de coches. Se aceptan tarjetas de crédito.

Restaurante - Bar
Cocina Mexicana

POR LAS NOCHES MENU DE DEGUSTACION $ 28.00
DURANGO 186-A
COL. ROMA
TEL. 525-4920

JAPONESA

BENKAY. Hotel Nikko, Campos Elíseos 204, planta baja, entre Emilio Castelar y Arquímedes, Chapultepec Polanco, 280-1111, ext. 86000. Ambiente acogedor que incluye jardín oriental y cascada. Especialidades: barra de sushis, teppanyaki, sashimi, témpura heldado. Servicio: lunes a domingo de 7:00 a 23:00 horas. Estacionamiento. Se aceptan tarjetas de crédito. Acceso para silla de ruedas.

INTERNACIONAL

LA PLANTA DE LUZ. Plaza Loreto, Río Magdalena y avenida Revolución, San Ángel, 616-4761 y 616-4762. Especialidades: tapas y comida internacional. Servicio: menú ejecutivo de martes a viernes. Sábado: menú familiar. Domingo buffet: desayuno a partir de las 10:00 y comida a partir de las 13:30. Se cuenta también con servicio a la carta. Espectáculos a partir de las 20:00 horas. Estacionamiento. Se aceptan tarjetas de crédito. $$ (Sur).

ITALIANA

GROTTO TICINO. Florencia 33, entre Hamburgo y Londres, Zona Rosa, Juárez, 525-7107. Especialidades en comida italiana y suiza: fondues, variedad de pastas, spaguetti a la mantequilla, bolognesa, lasagna, fetuccine, carne de cerdo y ternera. Servicio: lunes a sábado de 13:00 a 23:00 horas. Estacionamiento. Se aceptan tarjetas de crédito. Acceso para silla de ruedas. Ejecutivo. $$ (Centro)

ESPAÑOLA

VIÑA DEL QUIJOTE. Villa Latina, Periférico Sur 3375, salida a Picacho, Tlalpan, 645-7838. Especialidades: mollejas, pimientos, cebollas en su jugo, carré de cordero relleno de higaditos, bacalao a la Vizcaína, medallones de rapé con angulas, cordero estilo montañés mechado con ajos. Servicio: lunes a jueves de 13:00 a 24:00; viernes y sábado de 13:00 a 1:00; domingo de 13:00 a 20:00 horas. Estacionamiento, acomodador de coches. Se aceptan tarjetas de crédito. Acceso para silla de ruedas.

POLACA

MAZURKA. Nueva York 150, Nápoles, 523-8811 y 543-4509; Decoración con motivos polacos, arreglos florales y velas. Especialidades: sopa de betabel, de hongos secos; ganso o pato en diversas recetas. Servicio: domingo y lunes de 13:00 a 18:00; martes a sábado de 13:00 a 23:00 horas. Acomodador de coches. Se aceptan tarjetas de crédito. Acceso para silla de ruedas.

FRANCESA

"LE.BEC.FIN", calle Amberes 62, entre Londres y Liverpool, Zona Rosa. Cocina tradicional francesa. Especialidades: Du perigord, jueves y domingos "Couscous". Todos los días caserola de mejillones frescos. Cerrado los sábados.

Sushi ®
Plaza Universidad Loc. D-51 * Zona de Fast Food
Servicio a domicilio * Horario de lunes a domingo
de 13:00 a 21:00 hrs. * Tel. 605 20 43

Actividades cotidianas

Contenido temático
Un día común •

Objetivo de comunicación
Expresar acciones continuas al momento de hablar •
Expresar acciones cotidianas en presente •
Relatar una secuencia de acciones •

Contenido lingüístico
Verbos reflexivos en presente de indicativo
con pronombres reflexivos de objeto directo •
Estar + gerundio en presente de indicativo •
El objeto directo (lo, la, los, las) con estar + gerundio •
Uso de verbos saber y conocer •
Nexos temporales •

Vocabulario
Actividades y lugares cotidianos

1. Escucha el diálogo.

a) Numera los dibujos de acuerdo con lo que escuches.

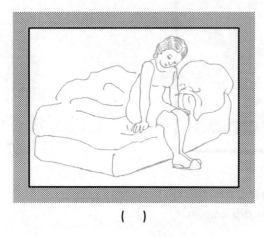

( )

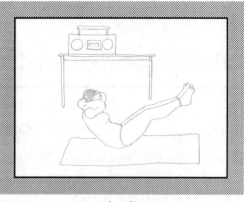

( )

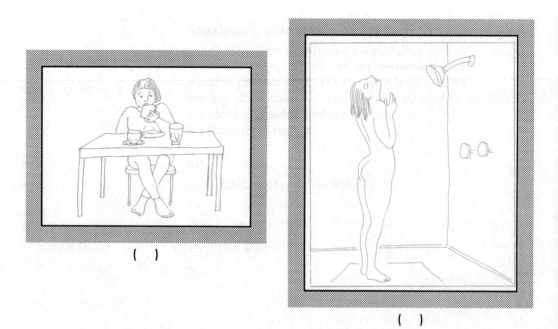

( )

( )

( )   ( )

b) Indica con una F si el enunciado es falso o con V si es verdadero.

1. Anne Marie está escribiendo cuando llega Marco a visitarla.   F   V

2. Ella se molesta porque su amigo la interrumpe.   F   V

3. Marco escucha la redacción de Anne Marie con agrado.   F   V

4. Anne Marie no vive cerca de la escuela donde estudia.   F   V

5. Ella trabaja en un laboratorio, como recepcionista.   F   V

6. Anne Marie es una persona muy ocupada.   F   V

7. A Anne Marie no le gusta mucho divertirse.   F   V

c) Ahora, lee el diálogo y verifica tus respuestas.

Anne Marie es una muchacha suiza que vive en México.

Marco: —Anne, ¿qué estás haciendo?

Anne Marie: —Hola Marco, pasa por favor. Estoy haciendo mi tarea de español.

Marco: —Si quieres puedo ayudarte.

Anne Marie: —¡Sí, claro! Mira, escucha mi redacción a ver qué te parece. Se llama: *Un día común.*

"Casi siempre me levanto como a las siete de la mañana. Hago un poco de ejercicio, me baño, me visto, desayuno algo ligero, después me arreglo el pelo, me cepillo los dientes, me maquillo un poquito. Salgo de casa como a las ocho y media. Casi siempre me voy a pie, porque me gusta mucho caminar. Paso por un jardín con muchos árboles. Me voy despacio, por eso a veces llego tarde a clase. Después de clase voy a mi oficina donde trabajo como secretaria en las tardes. Para llegar, tengo que tomar el metro, pero a esa hora hay muchísima gente. A la salida de la oficina, vienen a buscarme en coche y el regreso es más fácil".

Marco:	—¡Vaya! Eres una mujer muy ocupada. Casi no tienes tiempo libre,¿verdad?
Anne Marie:	—Bueno, a veces no puedo salir porque necesito estudiar para los exámenes. Pero también me gusta divertirme: invitar a mis amigos a casa, ir al cine...
Marco:	—Por cierto, Anne, el próximo sábado es mi cumpleaños y quiero hacer una reunión con mis amigos, ¿puedes ir?
Anne Marie:	—Sí, con mucho gusto. Si quieres yo puedo ayudarte a organizarla.
Marco:	—Bueno, está bien.

d) Contesta.

1. Relata lo que hace Anne Marie en un día común.
2. Relata lo que tú haces en un día común.
3. Pregunta a alguno de tus compañeros qué hace en un día común y relátalo.

2. Escucha el siguiente relato sobre lo que hace Isabel Domínguez en un día común.

a) Completa el siguiente texto, a partir de este relato.

Isabel Domínguez _____ más o menos a las seis de la mañana. _____ un

poco de ejercicio, _____ y _____. Se _____ y _____ de su

casa _____ de la mañana. Ella _____ como a diez minutos del metro Copilco.

A eso de las ocho _____ a la estación Hidalgo del metro. _____ la Alameda

Central a pie. _____ a su oficina como a las ocho y cuarto. _____ a comer

a las dos de la tarde y _____ para trabajar hasta las seis.

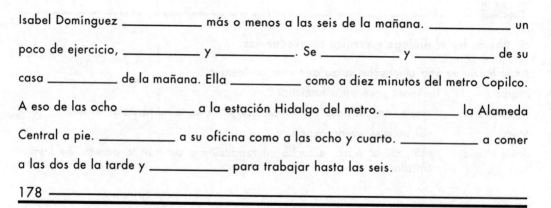

Ella no _____ a su casa inmediatamente, pues el metro es una cosa imposible a esa

hora. _____ tomar su clase de _____ en una escuela de Artes que está cerca

de su oficina.

A las ocho y media de la noche _____ a su casa. A veces, ella _____ al cine o

al teatro. No le gusta _____, pues al día siguiente le cuesta mucho trabajo _____.

b) Lee y verifica tus respuestas.

Relato de la señora Isabel Domínguez.

Bueno, pues... me levanto a las seis o al cuarto para las seis todos los días... hmmm... Hago
un poco de ejercicio, desayuno y, después de eso, me baño. En fin, me arreglo y salgo de
la casa como a las siete de la mañana. Vivo más o menos a diez minutos del metro Copilco.
A las siete y cuarto estoy allí. Como a las siete cuarenta y cinco llego a la estación Hidalgo
del metro. De ahí, atravieso la Alameda Cedntral a pie. Por la mañana está muy tranquilo
y no hay mucha gente. Llego a la oficina a eso de las ocho y cuarto. Trabajo hasta las dos
de la tarde y tengo una hora para comer. Salgo de la oficina a las seis en punto. A esa hora,
el metro está llenísimo, por eso, prefiero tomar mi clase de pintura en una escuela de Artes
que está cerca de mi trabajo. Ya como a las ocho y media regreso a mi casa.

De vez en cuando voy al cine o al teatro, pueso no me gusta desvelarme mucho, porque me
cuesta trabajo levantarme al día siguiente... Y eso es más o menos lo que hago en un día
normalmente.

3. Cuenta la siguiente historia. Utiliza verbos reflexivos.

levanterse

1)

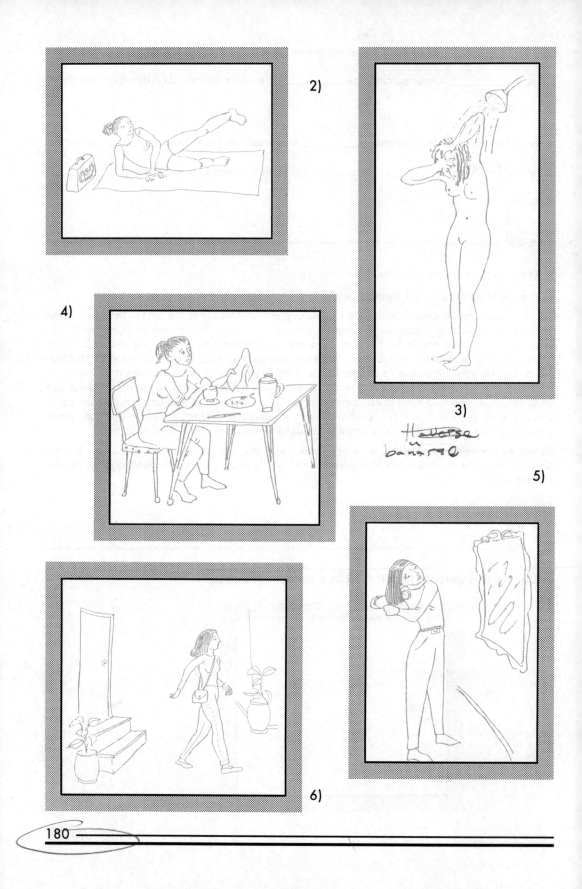

2)

4)

3)

Hallarse
ü
bañarse

5)

6)

7)

8)

pintarse

9)

abrirse

10)

Estudia.

Uso de los verbos reflexivos en presente de indicativo

– Los verbos reflexivos indican que la persona que ejecuta la acción es la misma que la recibe.

      Ejemplo:

              lavarse   María se lava las manos.

– Cuando una acción recae en otra persona u objeto, el verbo no es reflexivo.

      Ejemplo:

              lavar   María lava el coche.

– En el infinitivo, se usa siempre el pronombre SE.

      Ejemplos:

              lavar<u>se</u>
              peinar<u>se</u>

yo	tú	usted (ud.), él, ella	nosotros nosotras	usted (uds.) ellos, ellas
me	te	se	nos	se

Ejemplos:

levantarse	(yo) <u>me</u> levanto a las seis.
bañarse	(tú) <u>te</u> bañas todos los días.
lavarse	ella <u>se</u> lava el pelo.
dormirse	usted <u>se</u> duerme temprano.
acostarse	él <u>se</u> acuesta tarde.
reírse	nosotros <u>nos</u> reímos mucho en la fiesta.
sentirse	ustedes <u>se</u> sienten contentos en México.
sentarse	ellos <u>se</u> sientan en el piso.
ponerse	(yo) <u>me</u> pongo los guantes para el frío.

Atención: En español usamos un artículo definido con los sustantivos que designan las partes del cuerpo:

Ejemplo:

        Decimos: me lavo el pelo   y no: Me lavo ~~mi~~ pelo

– Los pronombres reflexivos se colocan antes del verbo. Cuando la oración es negativa también van antes del verbo.

Ejemplo: Yo <u>no</u> me lavo las manos con agua fría.

Usamos los verbos reflexivos más el objeto directo así:

ref. + o.d. + verbo

Ejemplos:

Carmen <u>se cepilla</u> <u>el pelo</u>.   -<u>Se lo</u> cepilla
ref.   o.d.

Los niños <u>se lavan</u> <u>la cara</u>.   -<u>Se la</u> lavan
ref.   o.d.

Perífrasis de gerundio

ESTAR + gerundio en presente:

Se usa para expresar una acción que ocurre en el momento en que se habla. Tiene idea de continuidad o de acción habitual.

Verbo ESTAR en presente + verbos en gerundio

estamos compr<u>ando</u>	(compr<u>ar</u>)
estás vend<u>iendo</u>	(vend<u>er</u>)
estoy sirv<u>iendo</u>	(serv<u>ir</u>)

Ejemplos:

¿Qué estás haciendo?
Me estoy pintando el pelo.

¿Qué están haciendo ahorita?
Se están peinando.

Atención: La forma ESTAR + gerundio puede expresar:

– Continuidad   Estamos escribiendo una historia desde ayer.
Mario está pintando su casa desde hace una semana.

– Acción habitual   Juan está trabajando en una fábrica.
María está estudiando por las tardes.

– Acción momentánea   Estamos comiendo ahorita.
Julián está hablando por teléfono en este momento.

Algunos verbos irregulares en gerundio:

servir	s<u>i</u>rviendo	reir	r<u>i</u>endo
pedir	p<u>i</u>diendo	ir	<u>y</u>endo
oír	o<u>y</u>endo	venir	v<u>i</u>niendo
leer	le<u>y</u>endo	traer	tra<u>y</u>endo
dormir	d<u>u</u>rmiendo	creer	cre<u>y</u>endo

> – Con **ESTAR** + gerundio los pronombres de objeto directo se colocan antes o después de los dos verbos.
>
> > Ejemplos:
> >
> > > Anne Marie está bañando <u>a su perro</u>.
> > > Anne Marie <u>lo</u> está bañando.
> > > Anne Marie está bañándo<u>lo</u>.
>
> – Cuando la forma **ESTAR** + gerundio lleva un verbo reflexivo y un pronombre de objeto directo, los pronombres se colocan antes o después de los dos verbos.
>
> > Ejemplos:
> >
> > > Marco se está lavando <u>las manos</u>.
> > > Marco <u>se las</u> está lavando.
> > > Marco está lavándo<u>selas</u>.

4. Haz los siguientes ejercicios.

a) Escribe el pronombre reflexivo si es necesario.

> Ejemplo: Juan ____*se*___ levanta.
> Juan _____ levanta a su hijo.

1. ¿Cómo _____ llamas (tú)?

2. El ruido de los coches _____ despertó a Elena.

3. Ella _____ levanta temprano todos los días.

4. El niño no _____ pone los zapatos solo.

5. Yo _____ lavo la ropa de mi bebé.

6. Usted _____ baña con agua fría.

7. Siempre _____ acuesto temprano en la noche.

8. Ella _____ duerme a su hijo con canciones de cuna.

9. Nunca _____ enfermo en invierno.

10. Ella _____ cepilla a su perro todos los sábados.

b) **Sustituye según el caso. Usa alguna de las opciones.**

1. José se duerme temprano.
   (los niños) (Juana) (yo) (nosotros) (ustedes) (mi hija)

2. Nicolás se viste en su recámara.
   (Rosa y Manuela) (yo) (Jorge) (María Luisa) (tú)

3. El niño se enferma muy seguido.
   (mi mamá) (mis abuelitos) (el profesor) (nosotros)

4. Nos quedamos en casa de mi tía Lola.
   (tú) (ellos) (mi mamá) (usted) (los niños) (Manolo)

5. ¿Te sientes muy triste?
   (Pepe y tú) (Josefina y Rosa María) (la directora) (ustedes) (Ricardo)

c) **Cambia las siguientes oraciones de afirmativo a negativo e interrogativo.**

1. Ella se pinta el pelo de rubio.

   Ella no se pinta el pelo rubio

   ¿Quién se pinta el pelo rubio?

2. La mamá de Ana se levanta temprano.

   La mamá de Ana no se levanta

   ¿La mamá de Ana se levanta temprano?

3. Ella se pone anteojos para leer.

   Ella no se los pone para leer

   ¿Ella se pone os anteojos?

4. Él se quedó en México tres meses.

   Él no se quedó en México?

   ¿Él se quedó en México?

d) **Transforma con la forma ESTAR + gerundio. Cambia la expresión de tiempo.**

   Ejemplo: Luis se lava los dientes tres veces al día.
   Luis se está lavando los dientes ahora.

1. Mariana se pinta el pelo cada dos meses. _____

2. Rosario y yo nos maquillamos muy bien diariamente. _____

3. El maestro se limpia las manos después de la clase. _____

4. Sara se pinta las uñas cada semana. _____

5. Los niños se limpian los zapatos. _____

6. Irene se corta el pelo cada mes. _____

7. Yo me cepillo el cabello en la mañana. _____

8. Rosa se levanta temprano los lunes. _____

9. La niña se pone los patines. _____

10. Tú te pones el suéter. _____

e) **Contesta las siguientes preguntas. Utiliza el pronombre de objeto directo, si es posible.**

      Ejemplo: ¿Cada cuándo te cortas el pelo?
               Me lo corto cada mes.

1. ¿Te lavas los dientes después de comer?

_____

2. ¿Cuándo te pones traje de baño?

_____

3. ¿A qué hora te levantas?

_____

4. ¿Cada cuándo tomas tu curso de español?

_____

5. ¿Quién se puso mi saco nuevo?

_____

f) **Sustituye.**

      Ejemplo: Pepe está pintando la casa.
               Pepe la está pintando.
               Pepe está pintándola.

1. Carmen está preparando la cena.

_____

_____

2. Marco está ayudando a María a hacer su tarea.

_____

_____

3. Nancy está escuchando música clásica.

_____

_____

4. El maestro está esperando un taxi.

_____

_____

5. Anne está leyendo un libro en inglés.

_____

_____

6. Mario está oyendo música.

_____

_____

7. Jorge está estudiando los verbos.

_____

_____

g) Escucha el diálogo telefónico y completa.

¡Ring!

Carmen: —Bueno, ¿Marco?

Marco: —Sí, él habla.

Carmen: —Soy Carmen.

Marco: —¡Qué tal, Carmen!

Carmen: —¿Qué _____?

Marco: — _____, _____ para ir a una reunión con unos amigos. Si quieres, vamos.

Carmen: —¿Dónde es?

Marco: —En casa de una amiga de Suiza. Creo que tú _____. Se llama Anne Marie.

Carmen: —Sí, somos compañeras de trabajo. ¿Y tú, como _____ ?

Marco: —Es mi vecina. Entonces qué ¿Quieres ir conmigo?

Carmen: —No puedo. Mañana necesito _____ antes de las siete de la mañana. Pero, ¿qué te parece si el sábado próximo nos vemos en mi casa e invitas a Anne Marie?

Marco: —Bueno, está bien.

Carmen: —De todas maneras, gracias.

Marco: —Hasta el sábado, Carmen.

¿Qué están haciendo estas personas?

h) Contesta las siguientes preguntas. Utiliza el pronombre de objeto directo, si es posible.

Ejemplo: ¿Qué está haciendo Juan?
Está lavándose la cara
Se la está lavando
Está lavándosela

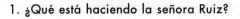

1. ¿Qué está haciendo la señora Ruiz?

_____

_____

_____

2. ¿Qué está haciendo el señor González?

_____

_____

_____

3. ¿Qué está haciendo el señor González?

_____

_____

_____

4. ¿Qué está haciendo Juana?

_____

_____

_____

5. ¿Qué está haciendo Pedro?

_____

_____

_____

Observa.

SABER - CONOCER

El verbo **SABER** indica un conocimiento que se aprende intencionalmente.

books intellect in (handwritten)

yo	sé	nosotros	sabemos
tú	sabes	ustedes	saben
él, ella	sabe	ellos, ellas	saben

Ejemplos:

Sabemos un poco de la historia de México.
Nicolás sabe hablar ruso.

El verbo **CONOCER** indica conocimiento a través de la experiencia. Se emplea con personas y lugares.

life everyday (handwritten)

yo	conozco	nosotros	conocemos
tú	conoces	ustedes	conocen
él, ella	conoce	ellos, ellas	conocen

Ejemplos:

people (handwritten)

Conocemos Oaxaca.
Conozco a tus padres.

El uso de **CONOCER**, puede ser sinónimo de **SABER** cuando se emplea la preposición "de".

Ejemplo:

Luis sabe de historia.   Luis conoce de historia.

---

i) Completa el siguiente diálogo con los verbos SABER o CONOCER, según corresponda.

Marco: –Anne, ¿todavía estás durmiendo? levántate pronto, vamos a ir al Centro.

Anne: –¿Qué vamos a ver?

Marco: –Vas a __conocer__ la Catedral Metropolitana, el Templo Mayor, el Palacio Nacional, el Palacio de Bellas Artes y otros lugares muy interesantes del Centro.

Anne: –Sí, yo ya __sé__ que son interesantes y quiero __saber__ .

Marco: –Bueno, pues vámonos rápido porque ya es tarde.

Anne: –Oye, me gustaría __conocer__ también el Museo de Antropología porque leí, y ahora __sé__ que allí puedo ver las diferentes culturas indígenas.

Marco: –Sí, como no. Veo que __sabes__ algo de la historia de México.

Anne: –Un poquito. Si tú vas a Suiza podrás __conocer__ *either* también lugares muy importantes.

j) Responde las siguientes preguntas.

1. ¿Ya conoces el Templo Mayor?

_____

2. ¿Sabes algo de la historia de México?

_____

3. ¿Qué lugares del Centro conoces?

_____

4. ¿Qué otros lugares te gustaría conocer?

_____

5. Si voy a tu país, ¿qué lugares interesantes tengo que conocer?

_____

k) Subraya la opción correcta.

En este momento, Elena y María (platican, están platicando) de sus actividades:

Elena, los fines de semana, (se levanta, levanta) tarde, porque generalmente el viernes tiene fiesta y (acuesta, se acuesta) de madrugada. El sabado (se baña, baña) a su perrito que (pone, se pone) muy contento con el agua, los dos (divierten, se divierten) mucho, después del baño el perrito (se duerme, duerme) al sol para (secar, secarse). Elena (arregla, se arregla); después ayuda a su mamá cuando (hace, está haciendo) la comida. Cuando está lista, toda su familia (sienta, se sienta) a la mesa y (están platicando, platican) de sus actividades de la semana.

Elena y María (planean, están planeando) sus próximas vacaciones. María quiere (saber, conocer) la ciudad de Oaxaca y saber más de las tradiciones indígenas.

l) **Escribe un relato. Sigue una secuencia temporal.**

Primero - al principio   después - enseguida   al final
                                                  finalmente
                                                  para finalizar

_____

_____

_____

_____

_____

_____

_____

_____

_____

_____

_____

Observa.

Relato de actividades cotidianas
(secuencia)

Cuando contamos algo, hay que expresar primero las relaciones temporales. El relato será así más claro y el estilo más natural.

primero	después	finalmente
al principio	entonces	al final
en la mañana	enseguida	por último
para empezar	al mismo tiempo	

Ejemplo:

En la mañana, salgo de mi casa, **después** voy a la Universidad para tomar mis clases de español. **Al final** de las clases, pasan a buscarme en coche y el regreso es más fácil.

Funciones comunicativas

– **Expresar acciones continuas en el momento de hablar**	¿Quién es el joven que está hablando con tu hermana? Es mi primo. Anne se está bañando. ¿Qué estás haciendo? Estoy traduciendo este texto.
– **Expresar acciones habituales en presente**	Manuel está fumando mucho. Anne está trabajando en una oficina como secretaria.
– **Relatar una secuencia de acciones**	Primero hago ejercicio, después me baño y, por último, me desayuno.

5. Escribe un relato de lo que pasa. De acuerdo con la secuencia que ves.

Usa verbos reflexivos, el objeto directo y la forma **ESTAR** + gerundio.

Primero - al principio   después - enseguida   al final - finalmente

10

Un álbum de familia

Contenido temático
Recuerdos de familia •

Objetivo de comunicación
En el pasado: •
Expresar acciones acabadas
Expresar una secuencia de acciones acabadas
Expresar acciones habituales
Describir personas
Expresar acciones simultáneas
Disculparse •

Contenido lingüístico
Pretérito y copretérito •

Vocabulario
La familia

1. Un álbum de familia.

a) Escucha el diálogo y marca la opción correcta.

Diálogo 1

1. Alejandro visitó
   a) a su amigo.
   b) a sus abuelos.
   c) a sus padres.

2. San Ángel fue
   a) una ciudad importante.
   b) una casa de campo.
   c) un pueblo típico.

3. El abuelo de Alejandro
   a) trabajó como diplomático.
   b) le enseñó a Alejandro su álbum de fotos.
   c) platicó mucho con él.

4. A Javier le agradó
   a) platicar con la abuela de Alejandro.
   b) visitar Guadalajara e ir al lago de Chapala.
   c) ver fotografías de la familia.

5. Javier y Alejandro van a pasar juntos
   a) las próximas vacaciones.
   b) el año próximo.
   c) el próximo domingo.

b) Ahora lee el diálogo y verifica tus respuestas.

Diálogo 1

Javier y Alejandro son amigos, ahora están platicando en un café.

Javier: –¿Qué hiciste este fin de semana?

Alejandro: –Estuve en casa de mis abuelos todo el sábado y el domingo.

Javier: –¿Dónde viven?

Alejandro: –En San Ángel.

Javier: –Creo que es un lugar muy tradicional de principios del siglo, ¿verdad?

Alejandro: –Sí, fue un pueblo típico de esa época. Ahora, ya es parte de la ciudad de México.

Javier: –¿Y qué hiciste?

Alejandro: –Platiqué largo rato con mis abuelitos y... ¿sabes? Mi abuelita me enseñó su álbum de fotos. Nunca las había visto, y platicamos sobre la familia. Mi abuelo fue un diplomático de su época.

Javier: –A mí me gusta mucho ver las fotos familiares. Cuando era niño, visitaba con frecuencia a mis abuelitos. Ellos vivían en Guadalajara, muy cerca del Lago de Chapala; todavía tengo familia por allá.

Alejandro: –Oye, si vas a visitar a tus abuelos pronto, ¿por qué no me invitas para conocer un poco de la provincia?

Javier: –Sí, como no. Si quieres, puedes acompañarme las próximas vacaciones.

c) Ahora, escucha el diálogo y marca la opción correcta.

Diálogo 2

1. Alejandro llegó tarde anoche porque
   a) trabajó tarde.
   b) practicó deportes.
   c) fue al cine con Ana.

2. Javier buscó a Alejandro para
   a) invitarlo al cine.
   b) invitarlo a Guadalajara.
   c) invitarlo a su cumpleaños.

3. El abuelo de Javier cumplió
   a) 55 años.
   b) 70 años.
   c) 62 años.

4. Javier platicó con

a) sus papás.

b) su mamá.

c) su abuela.

d) Lee el diálogo y verifica tus respuestas.

Diálogo 2

Pasan unos días y Javier va a casa de Alejandro.

Javier: —Oye, Alejandro, ¿qué te pasó ayer? Te estuve llamando por teléfono y nadie me contestó.

Alejandro: —Es que llegué muy tarde. Después de trabajar fui al cine con Ana y regresé a medianoche.

Javier: —Ayer hablé a Guadalajara para felicitar a mi abuelo, porque fue su cumpleaños.

Alejandro: —¿Cuántos años cumplió?

Javier: —Setenta y... ¿sabes?, también hablé con mi mamá. Le platiqué sobre ti y me dijo que te invitara a Guadalajara el fin de semana, ¿qué te parece?

Alejandro: —Bueno, mira, tengo que terminar un trabajo, pero me encanta la idea. ¿Cuándo te vas?

Javier: —El viernes en la tarde, apúrate y me llamas hoy en la noche. Espero que puedas ir.

Alejandro: —También yo. Voy a hacer todo lo posible.

e) Comenta con tus compañeros lo que hiciste el fin de semana.

Ejemplo: ¿Adónde fuiste el fin de semana?
¿Qué hiciste el viernes en la noche?

Vocabulario

La familia

el bisabuelo - la bisabuela

el abuelo - la abuela

el papá - la mamá

el hijo - la hija

el nieto - la nieta

el esposo - la esposa

el cuñado - la cuñada

el hermano - la hermana

el suegro - la suegra

el yerno - la nuera

el sobrino - la sobrina

el primo - la prima

2. Conoce a la familia de Alejandro.

a) Lee el siguiente párrafo.

Alejandro es hijo de Adriana y Marcos, es soltero. Es el menor de tres hijos. Su hermana Nina está casada con Alonso, tienen hijos gemelos de tres años que son la alegría de la familia, el niño se llama Diego y la niña Jimena. El otro hermano, Luis, está casado con Helga, viven en Alemania y su hijo se llama Hans, cada año visitan a la familia en México.

Los abuelos maternos de Alejandro son Carlos y Antonia, ellos viven en San Ángel.

b) Escribe los nombres en el árbol genealógico.

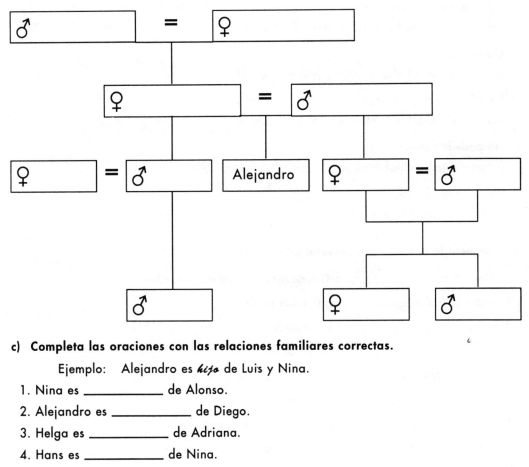

c) Completa las oraciones con las relaciones familiares correctas.

Ejemplo: Alejandro es *hijo* de Luis y Nina.

1. Nina es _____ de Alonso.

2. Alejandro es _____ de Diego.

3. Helga es _____ de Adriana.

4. Hans es _____ de Nina.

5. Marcos es _____ de Diego y Jimena.

6. Nina es _____ de Luis.

7. Adriana es _____ de Marcos.

8. Carlos es _____ de Jimena.

9. Diego es _____ de Hans.

10. Alonso es _____ de Adriana y Marcos.

3. Haz los siguientes ejercicios.

a) Sustituye los sujetos del paréntesis y haz los cambios necesarios.

1. Ayer Elena durmió hasta tarde.

   (yo) (mi amiga) (nosotros) (tú) (usted) (Juan y yo)

2. Yo vine de mi país.

   (nosotros) (tú) (ellos) (usted) (el maestro)

3. ¿Trajiste los papeles?

   (Pepe y yo) (Elena) (yo) (el director) (ellos)

4. Usted supo la lección.

   (ellos) (yo) (el estudiante) (Ana) (mis amigos) (nosotros)

5. Estuve en Roma tres años.

   (mi padre) (ellos) (tú) (Manuel) (ella) (Pepe y yo)

6. No pude ir anoche.

   (nosotros) (mi amigo) (ustedes) (Teresa) (tú) (el turista)

7. Raquel pidió la sal.

   (ellos) (Manuel) (nosotros) (usted) (tú y él) (tú)

b) Completa la oración, usa el verbo en pretérito.

1. Alejandro (ir) _____ a Guadalajara la semana pasada.

2. Ana no (venir) _____ ayer en la tarde.

3. Tú (querer) _____ ir a la fiesta anoche.

4. Mi abuelo (ser) _____ diplomático.

5. En la mañana, ella se (sentir) _____ enferma.

6. Usted no (traer) _____ el regalo.

7. Mi padre (leer) _____ la carta el lunes pasado.

8. El perro me (seguir) _____ hasta la escuela.

9. Mi padre me (dar) _____ el dinero el domingo pasado.

10. Yo le (decir) _____ la verdad anoche.

c) **Pregunta y contesta utilizando los verbos del paréntesis.**

Ejemplo: Cine / ayer en la tarde. (ir)
¿Fuiste al cine ayer en la tarde?
Sí, vi una película mexicana.

1. A la escuela / el lunes. (ir)

_____

_____

2. En casa de Juan / en la tarde. (estar)

_____

_____

3. A México / el año pasado. (venir)

_____

_____

4. Temprano / ayer. (dormirse)

_____

_____

5. La película / anoche. (ver)

_____

_____

6. La noticia por radio / el domingo pasado. (decir)

_____

_____

7. La carta en el buzón / antier. (poner)

_____

_____

8. De Italia / mi perro el verano pasado. (traer)

_____

_____

9. Un coche nuevo / para mi cumpleaños. (pedir)

_____

_____

10. Muy enferma / ayer en la noche. (sentirse)

_____

_____

4. Pregunta a tus compañeros sobre las actividades de Alejandro las dos semanas pasadas.

Imagina que hoy es 31 de julio. Observa la agenda. Alejandro explica a Javier por qué está tan cansado.

Ejemplo:

A.: —¿Qué hiciste el lunes de la semana antepasada?

B.: —Tuve mi examen final de matemáticas y estudié mucho.

A.: —¿Y qué hiciste el jueves 20?

B.: —Fui de compras con Ana.

5. Completa con el verbo en pretérito.

Hace un mes, mi amigo David _____ de vacaciones por una semana. Al llegar
                                            venir

_____ a mi familia y amigos. _____ muchas fiestas y _____ muchos
    conocer   tener   visitar

lugares en la ciudad y la provincia. Al terminar sus vacaciones David se _____ de todos
                                                                            despedir

muy contento, y me _____ regresar pronto.
                      prometer

6. Haz los siguientes ejercicios.

a) Ordena los dibujos de manera que hagan una secuencia lógica.

| 1. Salí de casa temprano. | 2. Pero no me fijé y me resbalé en una mancha de aceite y me caí. | 3. Me manché los pantalones y las mangas de la camisa. | 4. Así que regresé a casa. | 5. Me cambié de ropa y vine corriendo. |

( )

( )

( )

( )

( )

b) El pobre de René llegó tarde a la escuela y le tuvo que explicar al maestro lo que le pasó.

Discúlpeme maestro cuando _____ de casa, no me fijé y _____ en una mancha de aceite y _____ los pantalones y las mangas de la camisa, así que _____ a casa, y _____ de ropa y _____. ¡Perdón! Se me hizo tardísimo.

c) Marca la respuesta correcta.

1. ¿Qué hizo René temprano en la mañana?
   a) Va a salir de su casa.
   b) Salió de su casa.
   c) Sale de su casa.

2. ¿Qué le pasó a René después de salir de su casa?
   a) Se resbalaba con una mancha de aceite.
   b) Se resbala con una mancha de aceite.
   c) Se resbaló con una mancha de aceite.

3. ¿Qué le sucedió a su pantalón y a su camisa?
   a) Se los manchó.
   b) Se los manchaba.
   c) Se los mancha.

4. René estaba triste. ¿Qué hizo después de caerse?
   a) Va a regresar a casa.
   b) Regresaba a casa.
   c) Regresó a su casa.

5. Pero como él tenía clase de español en la Universidad.
   a) Sólo se cambiaba de ropa y salió corriendo a la escuela.
   b) Sólo se cambió de ropa y salió corriendo a la escuela.
   c) Sólo se cambia de ropa y va a salir corriendo a la escuela.

7. Lee el siguiente texto.

Javier ve las fotos de sus abuelitos y recuerda que ellos son admiradores de Alfonso Reyes. Además, lo conocieron en persona.

Alfonso Reyes

Nació en Monterrey, Nuevo León, el 17 de mayo de 1889 y murió en la ciudad de México, el 27 de diciembre de 1959. Su padre fue el general Bernardo Reyes, quien fue Ministro de Guerra durante la dictadura de Porfirio Díaz, y que dejó una profunda huella en la personalidad del escritor. Reyes lo llama "primer director de mi conciencia". Recibió cuidadosa educación y, desde muy pequeño, tuvo gran gusto por la lectura y las letras.

Al entrar al ambiente literario, participó en publicaciones de la revista *Savia moderna* que mostraba las inquietudes culturales de ese tiempo. Fundó, en 1909, el Ateneo de la Juventud.

Reyes era un hombre alegre, de buen carácter y tenía una gran capacidad de trabajo.

a) Encierra en un círculo la F si la afirmación es falsa o la V, si es verdadera.

1. Alfonso Reyes nació en la ciudad de México.   F   V

2. Alfonso Reyes fue ministro de Guerra en la época porfiriana.   F   V

3. Su padre, don Bernardo, fue de gran influencia para el escritor.   F   V

4. "... primer director de mi conciencia" es una frase de
   Bernardo Reyes.   F   V

5. Alfonso era de buen carácter   F   V

6. Alfonso participó en la dictadura de Porfirio Díaz.   F   V

7. Cuando entró en el mundo literario, participó en importantes revistas. F   V

b) Escribe los verbos en pretérito que encuentres en el texto, cámbialos al presente y al infinitivo.

pasado	presente	infinitivo

8. Relaciona los siguientes textos con las fotografías del álbum familiar de las páginas siguientes.

Escribe la letra de la foto que corresponda.

☐ 1.   Las grandes familias alemanas y muchas familias de la sociedad mexicana iban al Hipódromo de Peralvillo para ver las fiestas típicas en honor de los militares alemanes que visitaban la cuadra de México.

☐ 2.   Así se veía la Plaza de Armas. Los tranvías eléctricos llevaban al público a la ciudad. Algunos oían la banda de música en el kiosco de la Plaza. No faltaban los vendedores ambulantes; vendían dulces, pasteles y cacahuates. Todas las clases sociales de la capital disfrutaban del paseo.

☐ 3.   Éste es un grupo de alumnas que recibieron un premio en la escuela de las Vizcaínas, donde estudió mi abuelita. Ella era una alumna muy inteligente.

☐ 4.   Ésta es la "Casa de los Azulejos", donde estaba el Jockey Club. Tiene bellos azulejos blancos, amarillos y azules, traídos de China. Mis abuelitos asistían con frecuencia.

☐ 5.   En los libros de modas que traían de París o en las páginas de los periódicos de la época aparecían modelos como éste.

1900

ENERO

A

B

FEBRERO MARZO ABRIL

C

MAYO

D

SEPTIEMBRE JUNIO DICIEMBRE

E

F

G

H

206

Estudia.

Copretérito

El copretérito sirve para:

– Describir personas en el pasado.

Mi abuela era muy inteligente.

– Expresar acciones habituales en el pasado.

Yo visitaba con frecuencia a mis abuelos.

– Describir lugares en el pasado.

Había un gran jardín con árboles frutales.

– Expresar acciones continuas, simultáneas en el pasado.

Mientras mi abuelo leía el periódico, mi abuela preparaba la comida.

El copretérito de los verbos regulares se forma así:

AR	ER	IR
hablaba	comía	vivía
hablabas	comías	vivías
hablaba	comía	vivía
hablábamos	comíamos	vivíamos
hablaban	comían	vivían
hablaban	comían	vivían

Sólo hay tres verbos irregulares en copretérito y son:

ser	ir	ver
era	iba	veía
eras	ibas	veías
era	iba	veía
éramos	íbamos	veíamos
eran	iban	veían
eran	iban	veían

Expresiones de tiempo que se usan con el copretérito:

Antes, generalmente, frecuentemente, todos los (días / meses / años), seguido, con frecuencia, casi siempre, a veces.

---

9. Haz los siguientes ejercicios.

a) Completa las frases siguientes con la ayuda de tu profesor.

Ejemplo: <u>Conozco</u> bien a tu hermano. (trabajar)
Antes: *El trabajaba en Teléfonos de México.*
Ahora: *El está trabajando en Petróleos Mexicanos.*

1. Él es maestro. (enseñar)

Antes_____

Ahora _____

2. Sophie vive en París. (hablar)

Antes_____

Ahora _____

3. Tú escuchas el radio. (ver)

Antes_____

Ahora _____

4. Juan está muy enfermo. (toser)

Antes _____

Ahora _____

5. El niño tiene tres años. (hablar)

Antes_____

Ahora _____

b) Completa las oraciones.

1. Está divorciada ahora.

Antes_____

2. ¿Martha? Ella tiene un auto rojo.

Antes_____

3. Sophie llega todos los días a las diez de la noche.

Antes_____

4. El coro de la iglesia canta todos los sábados.

Antes_____

5. Ustedes presentan sus trabajos con gran limpieza.

Antes_____

c) **Cambia las oraciones a copretérito. Usa expresiones de tiempo.**

Ejemplo: Ella estudia en las tardes.
(en las mañanas) *Ella estudiaba en las mañanas.*

1. Tú sabes la leyenda.

(antes) _____

2. Juan ve a su hija los sábados.

(todos los días) _____

3. Ustedes van a la playa una vez al año.

(con frecuencia) _____

4. Yo no soy buen estudiante actualmente.

(a veces) _____

5. Mi abuela está en casa los lunes.

(siempre) _____

6. Veo televisión en la tarde.

(todos los viernes) _____

7. Ella juega tenis en vacaciones.

(seguido) _____

8. Mi mamá cocina los domingos.

(antes, todos los días) _____

9. Vengo a clase en el verano.

(antes, todo el año) _____

10. Me quedo en mi casa ahora.

(generalmente) _____

d) **Completa las siguientes frases con la forma verbal correcta.**

1. Antes mis padres _____ a mis familiares en Guadalajara.
   visitaron, visitaban

2. Antes nosotros _____ a la playa cada verano.
   íbamos, fuimos

3. Mientras yo _____ con mi mamá, mi abuelo _____ su
   hablé, hablaba   festejó, festejaba

   cumpleaños.

4. El agua _____ demasiado fría, por eso no me bañé.
   estuvo, estaba

5. Javier _____ mientras Alejandro _____ a sus abuelos.
   estudió, estudiaba   visitó, visitaba

6. Yo _____ al doctor más de dos horas ayer.
      esperé, esperaba

7. La señora _____ en la cocina mientras el niño _____.
            estuvo, estaba   jugó, jugaba

8. Antes nosotros _____ el periódico en la noche.
            leímos, leíamos

9. El ingeniero _____ desde ayer.
            llegaba, llegó

10. Pepe _____ la música mientras Lupe _____.
          oyó, oía   estudió, estudiaba

10. Para hacer descripciones en pasado, se usa el copretérito.

El espejo que no podía dormir

Había una vez, un espejo de mano que cuando se quedaba solo y nadie se veía en él se sentía peor, como que no existía, y quizá tenía razón; pero los otros espejos se burlaban de él, y cuando por las noches los guardaban en el mismo cajón del tocador, dormían a pierna suelta satisfechos, ajenos a la preocupación del neurótico.

                                                            Augusto Monterroso.

---

a) Escribe una fábula o leyenda que recuerdes.

_____

_____

_____

_____

_____

_____

_____

_____

_____

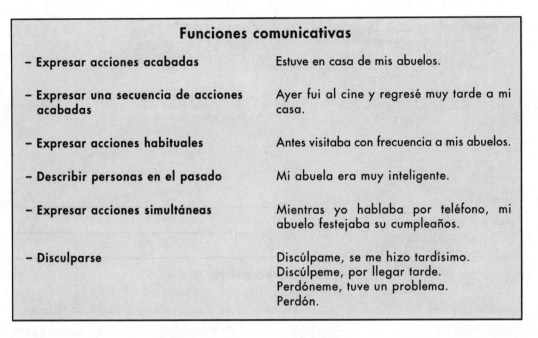

Funciones comunicativas

– Expresar acciones acabadas	Estuve en casa de mis abuelos.
– Expresar una secuencia de acciones acabadas	Ayer fui al cine y regresé muy tarde a mi casa.
– Expresar acciones habituales	Antes visitaba con frecuencia a mis abuelos.
– Describir personas en el pasado	Mi abuela era muy inteligente.
– Expresar acciones simultáneas	Mientras yo hablaba por teléfono, mi abuelo festejaba su cumpleaños.
– Disculparse	Discúlpame, se me hizo tardísimo. Discúlpeme, por llegar tarde. Perdóneme, tuve un problema. Perdón.

11. Escribe una disculpa y su explicación en los espacios asignados para cada tira cómica.

_____

_____

_____

_____

_____

_____

_____

_____

_____

12. a) Conjuga el verbo en el tiempo que convenga. (Es una narración en el pasado.)

Los fantasmas

Gonzalo Celorio

El fantasma _____ en la sala, frente al apagador de la luz que está
               estar

junto a la puerta. _____ como las seis y cuarto, más o menos. Todavía
            ser

no había oscurecido del todo, pero ya _____ necesario prender la luz.
                             ser

Tan interesado (yo) _____ en la lectura, que no _____ levan-
                 estar   querer

tarme a prenderla. "Nomás termino este capítulo, (yo) _____ y me
                                          pensar

levanto", pero el capítulo no _____ nunca y, la verdad, ya (yo) no
                             acabar

_____ seguir leyendo. Hojeé el libro para ver hasta donde _____ y
poder   terminar

_____ como diez o doce páginas y decidí levantarme, ni modo. Y ahí
faltar

frente al apagador, me encontré al fantasma.

¡Qué sorpresa!, siempre me había imaginado a los fantasmas como seres

espantosos casi transparentes, que _____ al compás del silbido del
                                 moverse

viento entre las hojas de los árboles, arrastrando unas pesadas cadenas y dando

gritos sordos y prolongados, como quejidos lastimeros... y curiosamente este

fantasma no _____ así; _____ más bien gordito, _____ sen-
          ser   ser   estar

tado cómodamente en la silla del comedor y _____ simpático y bonachón.
                                        verse

Pero eso sí, a qué dudarlo (él) _____ ni más ni menos, un fantasma,
                                   ser

de manera que no me quedó más remedio que asustarme. ¿Qué otra cosa se

puede hacer en esos casos si no es asustarse y salir corriendo?

---

b) ¿Cuál fantasma corresponde a la descripción anterior?

A   B

c) Escribe tú un cuento. Empieza así:

Anoche dormía tranquilamente. Eran las tres y media de la mañana. De repente, oí un ruido horrible que me despertó. No veía nada, porque todo estaba oscuro. Me dio mucho miedo, porque vi que un fantasma estaba sentado sobre mi cama.

_____

_____

_____

_____

_____

_____

_____

_____

_____

_____

d) Observa los verbos en pretérito y copretérito que escribiste:

¿Cuáles son sus terminaciones?

11

Lugares turísticos

Contenido temático

Planes de viaje •
Recorridos turísticos •

Objetivo de comunicación

Pedir/dar información sobre planes •
Expresar intención •
Expresar deseo •
Expresar agrado/desagrado •
Ofrecer servicios •
Pedir/dar información turística •

Contenido lingüístico

Objeto indirecto y sus pronombres •

Vocabulario

Lugares
Equipo
Medios de transporte

1. Escucha el diálogo.

a) Marca si la frase es verdadera (V) , falsa (F) o no se sabe (NS).

1. A Anne le gusta acampar.   V   F   NS

2. A Eduardo le interesa acampar.   V   F   NS

3. Eduardo va con Marc a Palenque.   V   F   NS

4. A Anne le gustan las zonas arqueológicas.   V   F   NS

5. Marc no necesita su pasaporte para viajar dentro de México.   V   F   NS

b) Une las frases que correspondan.

Anne	quiere ir a Palenque	pero necesita dinero.
Marc	quiere ir a la playa	pero busca compañero.
Eduardo	quiere acampar	pero tiene que conseguir su pasaporte.

c) **Lee el diálogo y verifica tus respuestas.**

Eduardo, Anne y Marc están conversando en la cafetería universitaria, al final del semestre académico.

Anne:	–Oigan, ¿qué piensan hacer en vacaciones?
Eduardo:	–A mí me encanta acampar, pero quiero ir con alguien. ¿Y tú, vas a la playa?
Anne:	–Sí, eso es lo que quiero hacer. Pero… no es seguro. Mi amiga Carmen me invitó a la playa. Su familia es de Oaxaca, de Puerto Escondido. Pero tengo que conseguir dinero.
Eduardo:	–A mí me gustan mucho las playas de Oaxaca. Cuando yo era niño, iba mucho, porque mi papá tenía un contrato allá. Claro que el mar es peligroso. Allá tengo compadres.
Anne:	–Si consigo dinero, voy. ¿Por qué no vienes también? Carmen me dijo que podía traer a algunos amigos. También, podremos visitar a tus compadres.
Eduardo:	–Sí, es buena idea, aunque yo realmente quiero acampar. ¿Y tú, Marc, no quieres acampar conmigo?, ¿qué vas a hacer en vacaciones?
Marc:	–Pienso ir a Palenque y Agua Azul, en Chiapas…, si me entregan mi pasaporte…
Eduardo:	–Ah, sí, te asaltaron el otro día… No me acordaba. Pero no necesitas tu pasaporte para viajar dentro de México.
Marc:	–Sí…, es importante traer el pasaporte. Me dicen mis amigos que siempre te piden tus papeles, cerca de la frontera.
Anne:	–Si no te lo dan, o aunque te lo den, ¿por qué no te animas a ir a Puerto Escondido?
Marc:	–Gracias, pero tengo muchas ganas de ir a Palenque. ¿Por qué no vienen ustedes? Podemos acampar en Palenque.
Eduardo:	–Pero es muy caro ir hasta allá, ¿no?
Marc:	–No creo. Voy a llamar a la agencia "Estudiantes en acción". Me parece que tienen muy buenas ofertas.
Eduardo:	–Bueno, si no es muy caro, voy contigo. Tengo muchas ganas de acampar. Anne, ¿por qué no vienes con nosotros?
Anne:	–La verdad es que ya le prometí a Carmen que voy con ella. Además, prefiero ir a la playa. Las ruinas no me gustan mucho.

2. a) Escucha el diálogo y llena el siguiente cuadro.

Excursión a	Duración	Costo en habitación doble o sencilla	Incluye

b) Ahora, verifica tus respuestas.

Marc habla a la agencia de viajes.

Señorita:	—Estudiantes en Acción, buenos días.
Marc:	—Buenos días, señorita. ¿Me puede informar de sus excursiones?
Señorita:	—Tenemos muchas posibilidades, señor ¿A dónde quiere ir?
Marc:	—Me dijeron que tienen una excursión a Palenque.
Señorita:	—Hay una excursión a la zona olmeca: Tres Zapotes, San Lorenzo, La Venta. También van a Villahermosa, y a Palenque y Agua Azul, aunque no es una zona olmeca.
Marc:	—¿Cuánto dura el viaje?
Señorita:	—Ocho días.
Marc:	—¿Y cuánto cuesta?
Señorita:	—En habitación doble, mil, en habitación sencilla mil quinientos.
Marc:	—¿Y... qué incluye el precio?
Señorita:	—Transporte en autobús de primera, hotel cómodo y limpio, dos comidas, guías y seguro de viaje.
Marc:	—¿Y no hay algún paquete que pase por Oaxaca en vez de la zona olmeca?
Señorita:	—Mire, señor. Si gusta puede visitarnos. Así le podremos dar toda la información que necesita.
Marc:	—Muy bien..., gracias, señorita.
Señorita:	—De nada, para servirle.

Estudiantes en Acción
Excursiones

Si tienes entre 19 y 25 años,
estudias de tiempo completo y te gusta la aventura...

nosotros somos tu opción.

Estudiantes en Acción ofrece una gran variedad de excursiones a precios módicos. Escoge entre los siguientes paquetes de verano.

Los precios incluyen: transporte (aéreo o terrestre en autobuses de primera clase, según el caso), alojamiento especificado, dos alimentos diarios, guías especializados, seguro médico.

1. Michoacán

5 días visitando Pátzcuaro, Janitzio, Morelia, Erongarícuaro.

Costo $600.

Alojamiento en albergue y campamento. Visitas a zonas arqueológicas, monumentos coloniales, clases de artesanía.

Salidas: 3 y 15 de junio, 20 de julio.

Transporte: autobús.

Equipo requerido: ropa cómoda para excursiones, bolsa de dormir, mochila.

2. Recorrido Olmeca/Maya

9 días. Los Tuxtlas, La Venta, Tres Zapotes, Villahermosa, Palenque y Agua Azul.

Costo $1,000.

Zonas arqueológicas, reserva ecológica, cascadas de Agua Azul.

Salidas: 10 y 20 de julio.

Transporte: autobús, tren.

Alojamiento: campamento, albergues, posadas.

Equipo requerido: bolsa de dormir, ropa para excursiones, traje de baño.

3. Oaxaca/Puerto Escondido

8 días. ciudad de Oaxaca. Playa de Puerto Escondido.

Costo $1,500. Guelaguetza + $150.

Historia colonial, zonas arqueológicas, deportes acuáticos.

Salidas: 22 julio, 5 agosto, 15 agosto.

Transporte: autobús, avión.

Alojamiento: hotel tres estrellas, campamento.

4. Baja California

8 días. Loreto. Excursión a las pinturas rupestres de la Sierra de San Francisco.

Costo: $1,700.

Deportes acuáticos en Loreto, viaje en burro a la zona arqueológica.

Salida: 30 de julio.

Transporte: avión, autobús, burro.

Alojamiento: hotel tres estrellas, campamento.

5. Los Volcanes

3 días. Para personas con buena condición física y poca experiencia en montañismo.

Costo $3,500

Transporte: autobús.

Alojamiento: campamento.

Salidas: todos los viernes de julio.

6. Morelos y Guerrero

4 días. Tequesquitengo, Tepoztlán, Cuernavaca, Grutas de Cacahuamilpa.

Costo: $400.

Además: excursiones especializadas, clases de alpinismo, viajes ecológicos, excursiones antropológicas.

Condiciones: inscribirse a la Asociación, pagar el 50% al confirmar la reservación dos semanas antes, y el total, una semana antes.

Los lugares:

1. La belleza física y el interesante pasado histórico hacen de Michoacán un lugar idóneo para visitar.

Morelia: ciudad colonial por excelencia.

Pátzcuaro: asociada a las figuras opuestas de Nuño de Guzmán —el conquistador sanguinario del pueblo Tarasco— y a Vasco de Quiroga —obispo muy querido por sus trabajos de organización y reconstrucción de la zona—.

Situado a las orillas del lago, tiene el sabor del México prehispánico.

Erongarícuaro: pueblo de artesanías, los viajeros podrán aprender técnicas de cerámica, tallado en madera y otras.

Clima templado.

2. La Venta, Tres Zapotes: lugares en que se erige la monumental arquitectura de los olmecas, considerados padres de las civilizaciones mesoamericanas.

Villahermosa: hermosa ciudad a la orilla del río Grijalva. En ella se encuentra el Parque La Venta, en el que se pueden apreciar las obras más sobresalientes de la cultura olmeca.

Palenque: zona arqueológica maya del periodo clásico (300-900 a.d.), con hermosos palacios; el Templo de las Inscripciones alberga una famosa tumba.

Agua Azul: a 30 km de Palenque, cascadas color turquesa y lecho blanco por la sedimentación calcárea. Una joya tropical.

Clima tropical.

3. Oaxaca: ciudad colonial, poblada por zapotecos y otros grupos étnicos. Hermosos museos e iglesias. Monte Albán, bella ciudad antigua de la civililzación zapoteca, periodo clásico. La Guelaguetza, animadísimo festival de la virgen del Carmen, con exposiciones, bailables, muestras gastronómicas, etcétera.

Puerto Escondido: pequeña bahía tranquila en la costa de Oaxaca.

4. Pinturas rupestres. Loreto. Centro turístico vacacional. Todos los deportes acuáticos. Sierra de San Francisco. Lugar en que se pueden apreciar misteriosas pinturas rupestres de origen desconocido.

5. Los Volcanes. El Popocatépetl y el Iztacchihuatl inspiraron la imaginación de los pueblos prehispánicos.

6. Morelos y Guerrero.

3. Contesta, utiliza la información anterior.

a) Escribe el nombre de algunos lugares interesantes para los aficionados a:

1. La naturaleza:

2. La historia:

3. La arqueología:

4. La artesanía:

5. Los deportes:

b) ¿Qué recorridos te interesan?

_____

_____

_____

_____

_____

_____

_____

c) Imagina que trabajas en la agencia de viajes "Estudiantes en Acción". Lee la información y contesta las preguntas.

1. ¿Tienen ustedes visitas a centros arqueológicos?
2. ¿Cuánto cuesta el viaje a Palenque?
3. ¿Cuánto tiempo dura el viaje a Michoacán?
4. ¿Qué hay en Villahermosa?
5. ¿Cómo es Pátzcuaro?
6. ¿En qué medio de transporte se viaja a Loreto?

d) Escribe la palabra en la columna que corresponda, de acuerdo con su significado.

automóvil	hotel	zona arqueológica
volcanes	avión	ciudad colonial
campamento	grutas	montaña
parque	lago	albergue
reserva ecológica	laguna	posada
tren	río	

alojamiento	transporte	atractivos turísticos	lugares geográficos

Estudia.

El objeto indirecto

El objeto indirecto es la persona o cosa que recibe el resultado de la acción del verbo. Está introducido por las preposiciones <u>a</u> y <u>para</u>.

En las siguientes oraciones:

El niño le da unos huesos <u>al perro</u>.

Mi mamá trajo una sorpresa <u>para nosotros</u>.

El objeto indirecto de cada una es <u>al perro</u> y <u>para nosotros</u>.

– Los pronombres de objeto indirecto (OI) son:

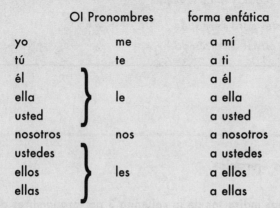

	OI Pronombres	forma enfática
yo	me	a mí
tú	te	a ti
él		a él
ella	le	a ella
usted		a usted
nosotros	nos	a nosotros
ustedes		a ustedes
ellos	les	a ellos
ellas		a ellas

así, en las oraciones:

<u>Me</u> traen flores cada semana (a mí).

Juan <u>nos</u> pidió un favor (a nosotros).

<u>Te</u> regalo mi reloj (a ti).

sabemos quién recibe la acción del verbo: yo, nosotros, tú.

Si queremos enfatizar la información decimos:

<u>A mí me</u> traen flores cada semana.

En el caso de:

<u>Le</u> hablé temprano <u>a mi prima</u>.

<u>Les</u> escribo cartas <u>a mis amigos</u>.

<u>a mi prima</u> y <u>a mis amigos</u> son quienes reciben la acción del verbo y, además, explican a quién se refiere el pronombre <u>le</u> y <u>les</u>.

No es claro si únicamente decimos:

> Le hablé temprano.

> Les escribo cartas.

porque no sabemos quién recibe la acción del verbo hablar y escribir.

En los casos en que el contexto de comunicación lo permite, sí podemos quitar las formas explicativas del pronombre, por ejemplo:

> A.   –¿Le hablaste a Juan?

> B.   –Sí.

> A.   –¿Qué le dijiste?

Ya sabemos que el segundo le hace referencia a Juan.

Cuando usamos la preposición para, no usamos el pronombre de objeto indirecto.

> Compré regalos para los niños.
> (Les compré regalos a los niños.)

> Traje un pastel para Fernanda.

> (Le traje un pastel a Fernanda.)

4. Haz los siguientes ejercicios.

a) Sustituye los objetos indirectos de la columna 3 por pronombres de OI.

Conjuga el verbo, según lo indique la expresión de tiempo.

> Ejemplo: Ana - pedir - informes a la secretaria - ayer.
> *Ana le pidió informes a la secretaria ayer.*

1	2	3	4
Anna	escribir una carta	a sus amigos	ayer
Marc	hablar	a la secretaria	mañana
Carmen	ofrecer su casa	a Anna	antier
Eduardo	llevar un regalo	a sus familiares	la semana entrante
Juan	informar la noticia	a su profesor	el domingo

b) Escribe el pronombre de objeto indirecto que complete los siguientes diálogos.

1. A.: –¿Ya hablaste por teléfono?

   B.: –Sí, ya _____ hablé a Raúl.

2. A.: –¿A quién _____ pediste la información?

   B.: –_____ pedí la información a la empleada.

3. A.: –¿A quién _____ preparas ese platillo?

   B.: A Juan.

c) Encierra en un círculo el tiempo verbal que creas conveniente.

       Ejemplo: Todos los días, desde hace cinco años (iba, (va,) va a ir) a pláticas con los ancianos.

1. En este momento, Carmen (está preparando, va a preparar, preparó) su viaje a Oaxaca.

2. Eduardo (fue, iba, está yendo) a Oaxaca cada verano cuando su papá (trabajó, trabajaba, a trabajar) en Monte Albán.

3. Marc ya (tuvo, tiene, tenía) su pasaporte, así que puede ir a Palenque.

4. Juan no (puede, podía, pudo) ir a ningún lugar, porque tiene que estudiar.

5. A mí me (encantaba, encantó, encanta, está encantando) la playa de Cancún cuando fui, pero no me pareció el precio del hotel.

6. El año pasado (iba, voy, fui) varias veces a Acapulco por motivos de trabajo.

7. Ellos se (aburren, aburrieron, van a aburrir) mucho en las montañas cuando fuimos.

5. Relaciona las dos columnas.

1. _____ Ofrecer sus servicios.

2. _____ Pedir información sobre medios de transporte.

3. _____ Pedir información sobre costos.

4. _____ Expresar obligación.

5. _____ Expresar gusto.

6. _____ Expresar deseo.

7. _____ Expresar intención.

8. _____ Sugerir.

9. _____ Describir hábitos en el pasado.

a. Tengo que pagar mi boleto de avión.

b. ¿En qué le puedo servir?

c. Cuando yo era niño, yo iba mucho a Oaxaca.

d. A mí me encanta viajar.

e. ¿Se viaja en autobús o en avión?

f. ¿Cuánto cuesta el viaje a Palenque?

g. Quiero ir a la playa.

h. ¿Por qué no vienes con nosotros?

i. Pienso ir a casa de mi tío.

Funciones comunicativas

– Preguntar por intención	¿Qué piensan hacer en vacaciones?
– Expresar intención	Pienso ir a la playa.
	Pienso ir a Palenque
– Expresar obligación	Tengo que estudiar.
	Hay que estudiar.
– Expresar deseo	Quiero ir a la playa.
	Tengo ganas de acampar.
– Ofrecer servicios	¿En qué le puedo servir?
– Pedir / dar información turística	Buenos días, me puede informar de las excursiones.
	Buenos días, quiero pedir información de los lugares para visitar en...

6. En parejas, compartan impresiones sobre algunos lugares y sus planes para viajar.

a) Contesten a preguntas tales como: ¿qué lugares de México te gustan / no te gustan?, ¿por qué?, ¿cómo son?, ¿cuáles son tus experiencias en esos lugares?, ¿qué lugares quieres conocer?, ¿a dónde piensas ir?, ¿qué interviene para tus decisiones (costo, distancia, trámites burocráticos, puntos de interés, tus objetivos específicos)?

b) Hagan un diálogo sobre un viaje para sus vacaciones. Un alumno es el turista y el otro el agente de viajes.

c) Escribe un plan de viaje. Un amigo tuyo va a pasar en México tres días. Tú le organizas el plan de viaje para que aproveche esos días.

Empieza así:

El primer día:

Vamos a ir a... _____

_____

_____

_____

El segundo día:

_____

_____

_____

_____

El tercer día:

_____

_____

_____

_____

_____

7. a) Escucha el diálogo y marca la respuesta correcta.

1. ¿En dónde está?

( ) En su casa.
( ) En una agencia de viajes.
( ) En un restaurante.

2. ¿Qué clima prefiere?   (   ) No le importa.
                               (   ) Frío con montañas.
                               (   ) Caliente con playas.

3. ¿El turista va a ir de viaje solo?   (   ) Sí.
                               (   ) No, unos amigos van a ir con él.
                               (   ) No sabemos.

4. ¿Cómo prefiere que sea el   (   ) Bonito y de preferencia con deporte
   lugar que va a visitar?   acuático.
                               (   ) Bonito, con alpinismo.
                               (   ) Bonito, con museos o iglesias.

5. ¿En qué medio de transporte (   ) Tren.
   va a ir?   (   ) Autobús.
                               (   ) Coche.

6. ¿Cuánto tiempo tiene para   (   ) Una semana.
   este viaje?   (   ) Dos días.
                               (   ) Cuatro días.

7. ¿A dónde va a ir?   (   ) A Tequesquitengo.
                               (   ) A la ciudad de México.
                               (   ) A Valle de Bravo.

8. ¿En dónde y a qué distancia (   ) En el Estado de México, a tres horas.
   está el lugar?   (   ) En Cuernavaca, a una hora.
                               (   ) En México, a pocas horas.

9. ¿Cuál es el camino para   (   ) La carretera federal número quince.
   llegar allá?   (   ) La carretera federal número quinientos.
                               (   ) La carretera federal número cincuenta.

10. ¿Cómo son los hoteles allá? (   ) Baratos y elegantes.
                               (   ) Caros y agradables.
                               (   ) Accesibles y agradables.

b) Lee el diálogo y verifica tus respuestas.

Agente: —¿En qué puedo servirle?

Turista: —Buenos días, señorita. Quiero pedir información sobre los lugares para visitar el fin de semana.

Agente: —¿Qué desea?, un lugar frío o cálido, montañas o playas.

Turista: —Pues, no es muy importante. Unos amigos y yo queremos conocer más lugares cerca del Distrito Federal.

Agente:	–Bien, y ¿como qué les gusta? Hacer deporte, visitar pirámides, museos, mercados...
Turista:	–Pues, sólo que sea un lugar bonito y si, además, se puede hacer algo de deporte, mejor.
Agente:	–Les gustan actividades acuáticas o montar a caballo.
Turista:	–Acuáticas.
Agente:	–¿Quieren coche o desean ir en autobús, tren o avión?
Turista:	–Tenemos coche y sólo contamos con el fin de semana.
Agente:	–Pues, yo les recomiendo Tequesquitengo o Valle de Bravo.
Turista:	–Bueno..., ya conocemos Tequesquitengo. ¿Valle de Bravo dónde está?
Agente:	–En el Estado de México.
Turista:	–¿Está muy lejos?
Agente:	–Como a tres horas de aquí.
Turista:	–¿Qué hay allá?
Agente:	–Un pueblito típico y una presa muy grande.
Turista:	–¿Y qué se puede hacer allá?
Agente:	–Se pueden practicar todos los deportes acuáticos. Además, se descansa muy bien.
Turista:	–Ah..., muy bien. Me parece perfecto. ¿Cómo podemos llegar?
Agente:	–Por la carretera federal número quince a Toluca.
Turista:	–¿Y el alojamiento?, ¿dónde podemos pasar la noche?
Agente:	–Hay muchos hoteles agradables y accesibles. Nosotros le podemos hacer una reservación en el Posada del Rey. Tienen una oferta de doscientos pesos por persona en habitación doble, por dos noches con desayuno incluido.
Turista:	–Ah, muy bien. Por favor, hágame una reservación para el viernes y sábado de esta semana para cuatro personas.
Agente:	–Muy bien. Le aseguro que la pasará muy bien. Aquí tiene la confirmación de reservación.

8. Escribe una carta a un amigo. Invítalo a viajar contigo por México.

Incluye lo siguiente:

      Saludo.

      Descripción del lugar.

      Aspectos positivos.

      Información sobre precios, medios de transporte e itinerario.

      Despedida.

Fecha:

Estimad____ _____:

_____

_____

_____

_____

_____

_____

_____

_____

_____

_____

_____

_____

_____

_____

12

Fiestas típicas
mexicanas

Contenido temático
Celebraciones tradicionales •
Tradiciones y aspectos culturales •

Objetivo de comunicación
Pedir/dar información •
Expresar opinión •
Expresar sorpresa •
Contrastar •

Contenido lingüístico
Objeto directo y objeto indirecto •
Pronombres de objeto directo y de objeto indirecto •

Vocabulario
Día de muertos

1. Fiestas típicas mexicanas.

Escucha las dos conversaciones.

a) Escucha el diálogo 1 y completa con la opción correcta.

1. Manuel, Rita y Karine son
( ) compañeros de clase.
( ) vecinos.
( ) compañeros de trabajo.

2. El Anahuacalli es
( ) una escuela de pintura.
( ) una escuela de música.
( ) un museo.

3. Karine quiere conocer el Anahuacalli, ¿por qué?
( ) en su país hay un museo similar.
( ) quiere conocer una ofrenda.
( ) le parece interesante conocer más las costumbres mexicanas.

b) Escucha el diálogo 2 y completa con la opción correcta.

1. Para los mexicanos, la celebración de día de muertos es
( ) causa de tristeza.
( ) alegre y natural.
( ) sólo espiritual.

2. La celebración de los muertos se
festeja en México,

( ) según la región geográfica.
( ) igual en todo el país.
( ) sólo en Michoacán y Oaxaca.

3. A Karine le parece interesante que se
pueda aceptar a la muerte como parte
de la vida

( ) en Polonia no se festeja la
muerte.
( ) le parece una celebración negativa.

4. Karine quiere tomar fotos para man-
dárselas a su familia en Polonia

( ) es una buena idea.
( ) no le interesa tomar fotos.

Ofrenda "Chilanga"

CEES

2. Lee los siguientes diálogos y verifica tus respuestas.

Manuel y Rita se encuentran con su vecina Karine, a la salida de su departamento. Ellos
están en la ciudad de México.

Diálogo 1

Rita: —¡Hola, Karine!, ¿cómo estás?

Karine: —Bien, gracias, ¿y ustedes?

Manuel: —Muy bien. Rita y yo vamos al Anahuacalli. ¿Quieres acompañarnos?

Karine: —¿Cómo?, ¿a dónde?, ¿aana... qué?

Rita: –Anahuacalli. Es un museo que está en Coyoacán.

Manuel: –Sí, mira, ese lugar perteneció al pintor y muralista Diego Rivera. Y allí se presenta cada año una ofrenda de muertos.

Karine: –¿De muertos?

Rita: –Sí, la ofrenda se expone los días uno y dos de noviembre, y se la dedican a unos visitantes distinguidos.

Karine: –¿A quién?, no entiendo.

Manuel: –Sí, Karine, se la ofrecen a los muertos, a los difuntos. Se cree que vienen del más allá para visitarla.

Rita: –Oye, si tienes tiempo, ¿por qué no nos acompañas?

Karine: –Pues sí, sí tengo tiempo. La verdad, me gusta la idea. En mi país no se festeja la muerte y me parece interesante poder conocer algo más de las costumbres de México.

Manuel: –Entonces, vámonos.

Diálogo 2

Después de visitar el museo. Manuel, Rita y Karine están en un café en Coyoacán.

Karine: –¡Qué barbaridad!, de verdad me sorprende que la gente trate la muerte de esta forma.

Manuel: –Mira, para nosotros, ésta es una celebración alegre y natural.

Rita: –Además, la muerte tiene medios expresivos a través del arte que reflejan nuestra forma de pensar, y son un pretexto para burlarse de ella y hacer chistes.

Karine: –Por lo que vi, la ofrenda es la parte seria y respetuosa de esta fiesta, ¿verdad?

Rita: –Sí, claro.

Karine: –¿Y se celebra igual en todas partes de México?

Manuel:	—No, también depende de la región geográfica; yo soy de Michoacán y allí tiene sus propias características.
Rita:	—Y en Oaxaca también tiene su estilo y costumbres.
Karine:	—En Polonia, es imposible festejar estos días como aquí en México. No lo podemos imaginar ni entender. Simplemente, no se habla de eso.
Manuel:	—¿Y no te parece interesante que se pueda aceptar a la muerte como parte de la vida?
Karine:	—Sí, sí lo pienso así. Para ustedes, los mexicanos, la muerte no es algo frío e intocable, sino parte de este mundo que, incluso, se puede disfrutar.
Rita:	—Oye, ¿por qué no compras postales o tomas fotos para enviárselas a tus familiares?
Karine:	—Sí, es una buena idea. Creo que les causará una gran impresión.
Manuel:	—Les puedes escribir y explicarles algo de nuestras costumbres.
Karine:	—Sí. Gracias por la invitación. Y aunque pienso que son extrañas las fiestas de muertos, creo que es una tradición muy colorida y positiva.

3. Lee el siguiente texto.

Atención. Para los siguientes ejercicios, no te preocupes por las palabras que no entiendas. Trata de imaginar y deducir el contenido.

1   Gracias a las Fiestas el mexicano se abre, participa, comulga con sus semejantes y con los valores que dan sentido a su existencia religiosa o política. Y es significativo que un país tan triste como el nuestro tenga tantas y tan alegres fiestas. Su fre-
5   cuencia, el brillo que alcanzan, el entusiasmo con que todos participamos, parecen revelar que, sin ellas, estallaríamos. Ellas nos liberan, así sea momentáneamente, de todos esos impulsos sin salida y de todas esas materias inflamables que guardamos en nuestro interior. Pero, a diferencia de lo que ocurre en otras
10   sociedades, la Fiesta mexicana no es nada más un regreso a un estado original de indiferenciación y libertad; el mexicano no intenta regresar, sino salir de sí mismo, sobrepasarse. Entre nosotros la Fiesta es una explosión, un estallido. Muerte y vida, júbilo y lamento, canto y aullido se alían en nuestros festejos,
15   no para recrearse o reconocerse, sino para entredevorarse. No hay nada más alegre que una fiesta mexicana, pero también no hay nada más triste. La noche de fiesta es también noche de duelo.

      Si en la vida diaria nos ocultamos a nosotros mismos, en el
20   remolino de la Fiesta nos disparamos. Más que abrirnos, nos desgarramos. Todo termina en alarido y desgarradura: el canto, el amor, la amistad. La violencia de nuestros festejos muestra hasta qué punto nuestro hermetismo nos cierra las vías de comunicación con el mundo. Conocemos el delirio, la canción,
25   el aullido y el monólogo, pero no el diálogo. Nuestras Fiestas, como nuestras confidencias, nuestros amores y nuestras tentativas por reordenar nuestra sociedad, son rupturas violentas con lo antiguo o con lo establecido. Cada vez que intentamos expresarnos, necesitamos romper con nosotros mismos. Y la
30   Fiesta sólo es un ejemplo, acaso el más típico, de ruptura violenta. No sería difícil enumerar otros, igualmente reveladores: el juego, que es siempre un ir a los extremos, mortal con frecuencia; nuestra prodigalidad en el gastar, reverso de la timidez de nuestras inversiones y empresas económicas; nuestras confe-
35   siones. El mexicano, ser hosco, encerrado en sí mismo, de pronto estalla, se abre el pecho y se exhibe, con cierta complacencia y deteniéndose en los repliegues vergonzosos o terribles de su intimidad. No somos francos, pero nuestra sinceridad puede llegar a extremos que horrorizarían a un europeo. La manera

40 explosiva y dramática, a veces suicida, con que nos desnudamos y entregamos, inermes casi, revela que algo nos asfixia y cohíbe. Algo nos impide ser. Y porque no nos atrevemos o no podemos enfrentarnos con nuestro ser, recurrimos a la Fiesta. Ella nos lanza al vacío, embriaguez que se quema a sí misma, disparo 45 en el aire, fuego de artificio.

"Todos Santos, Día de Muertos",
El Laberinto de la Soledad
Octavio Paz

a) Ahora contesta.

1. El fragmento está tomado de
   - a) un libro.
   - b) un folleto turístico.
   - c) un periódico.
   - d) una revista.

2. Después de "echar un vistazo" al texto, podemos decir que es
   - a) un reportaje.
   - b) un cuento.
   - c) un ensayo.
   - d) una novela.

3. Observa el texto con más detalle e indica tres de los sustantivos más frecuentes.

_____

_____

_____

4. A partir de esas palabras, ¿cuál crees que es el tema del texto? Escribe un enunciado.

_____

5. ¿Quién es el autor del texto?, ¿lo conoces?

_____

6. Escribe tu opinión sobre esta fiesta.

_____

_____

_____

_____

7. En este texto se establecen algunos contrastes. Llena el cuadro siguiente, tratanto de encontrar qué palabras contrastan entre sí.

Ejemplo:

triste	*alegre*	(línea 4)
_____	salir	(línea 12)
muerte	_____	(línea 13)
_____	lamento	(línea 14)
canto	_____	(línea 14)
alarido	_____	(línea 21)
_____	duelo	(líneas 17-18)
prodigalidad	_____	(línea 33)

b) **Relaciona la palabra subrayada en cada enunciado con su significado.**

1. Gracias a las fiestas, el mexicano... <u>comulga</u> con sus semejantes. (línea 1)

   ( ) torbellino, huracán, confusión, desorden

2. ... el brillo... el entusiamo... parecen <u>revelar</u> que sin ellos estallaríamos. (líneas 5-6)

   ( ) cerrazón, impenetrabilidad

3. ...de todas esas materias <u>inflamables</u> que guardamos en nuestro interior. (líneas 8-9)

   ( ) generosidad, derroche, exceso

4. ... canto y aullido se <u>alían</u> a nuestros festejos. (línea 14)

   ( ) denunciar, mostrar, manifestar

5. ... en el <u>remolino</u> de las fiestas nos disparamos. (líneas 19-20)

   ( ) agrado, placer, alegría

6. ... nuestro <u>hermetismo</u> nos cierra las vías de comunicación. (líneas 23-24).

   ( ) relacionarse, compartir

7. ... nuestra <u>prodigalidad</u> en el gastar. (línea 33)

   ( ) sinceros, leales

8. El mexicano... se exhibe con cierta <u>complacencia</u>. (líneas 35-36)

   ( ) unirse, asociarse

9. No somos <u>francos</u>... (línea 38)

   ( ) que se queman, que se encienden

10. Nuestra manera explosiva... con que nos desnudamos revela que... algo nos <u>cohíbe</u>. (líneas 31-42)

    ( ) borrachera, enajenación, ebriedad

11. ... <u>embriaguez</u> que se quema a sí misma. (línea 45)

    ( ) reprimir, contener, sujetar

c) Completa los enunciados con la información del texto.

1. Gracias a las fiestas el mexicano... (líneas 1-2)

_____

_____

2. Es característico que un país como México tenga... (líneas 3-4)

_____

_____

3. Las fiestas liberan al mexicano de... (líneas 7-8)

_____

_____

4. La violencia de nuestras fiestas muestra... (líneas 22-24)

_____

_____

5. Nuestras fiestas son rupturas violentas con... (líneas 25-28)

_____

_____

6. La sinceridad del mexicano... (líneas 38-39)

_____

_____

7. El mexicano recurre a la fiesta porque... (líneas 42-43)

_____

_____

d) A partir del texto de Octavio Paz, indica si son falsos (F) o verdaderos (V) los siguientes enunciados.

1. A través de las fiestas, el mexicano se vuelve más hermético.　　F　　V

2. Es característico que un país tan triste como México tenga tantas fiestas.　　F　　V

3. Las fiestas no liberan al mexicano de los impulsos que guarda en su interior.　　F　　V

4. Entre los mexicanos, la fiesta es tranquilidad y calma interior.　　F　　V

5. El juego es un ejemplo revelador que no trata de ir a los extremos ni es mortal.　　F　　V

e) **Contesta y comenta con tus compañeros las siguientes preguntas.**

1. ¿Por qué los mexicanos necesitan tener celebraciones?

2. ¿Cuál es la idea central que quiere darnos Octavio Paz en este fragmento?

3. ¿Qué piensas de los comentarios de Paz sobre las fiestas mexicanas?

4. ¿Conoces algunas celebraciones importantes en México? Si las conoces, descríbelas y da tus impresiones.

5. ¿Qué diferencias y qué similitudes encuentras entre las celebraciones mexicanas y las de tu país?

Estudia.

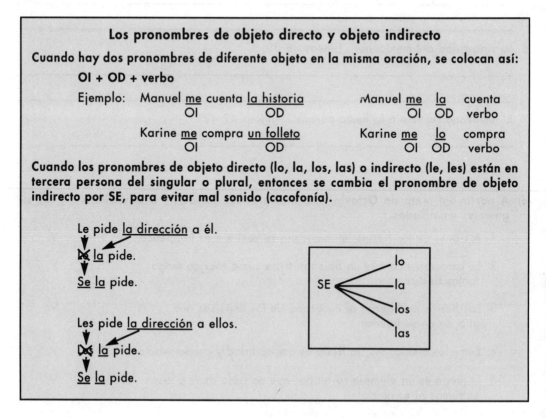

| Los pronombres de objeto directo y objeto indirecto |

Cuando hay dos pronombres de diferente objeto en la misma oración, se colocan así:

OI + OD + verbo

Ejemplo: Manuel <u>me</u> cuenta <u>la historia</u>
     OI   OD

   Manuel <u>me</u> <u>la</u> cuenta
      OI OD verbo

   Karine <u>me</u> compra <u>un folleto</u>
      OI   OD

   Karine <u>me</u> <u>lo</u> compra
      OI OD verbo

Cuando los pronombres de objeto directo (lo, la, los, las) o indirecto (le, les) están en tercera persona del singular o plural, entonces se cambia el pronombre de objeto indirecto por **SE**, para evitar mal sonido (cacofonía).

Le pide <u>la dirección</u> a él.

~~Le~~ <u>la</u> pide.

<u>Se</u> <u>la</u> pide.

Les pide <u>la dirección</u> a ellos.

~~Les~~ <u>la</u> pide.

<u>Se</u> <u>la</u> pide.

SE — lo
SE — la
SE — los
SE — las

Pronombres de objeto directo y objeto indirecto en la misma oración:

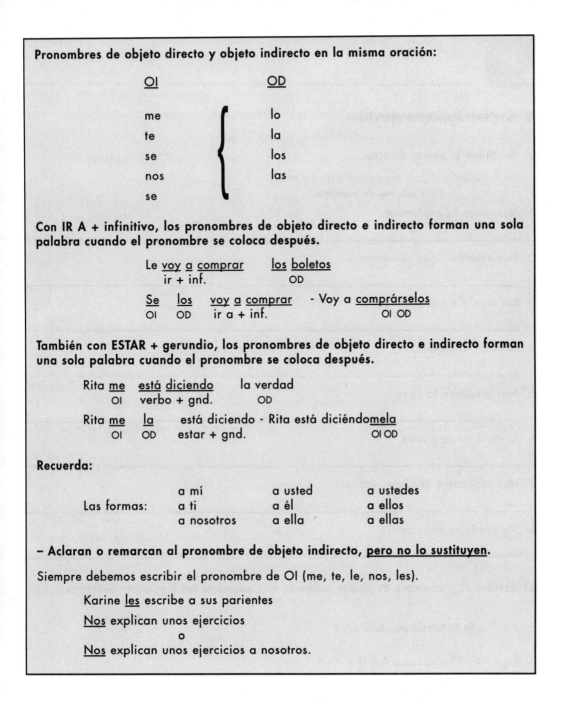

OI	OD
me	lo
te	la
se	los
nos	las
se	

Con IR A + infinitivo, los pronombres de objeto directo e indirecto forman una sola palabra cuando el pronombre se coloca después.

Le <u>voy a comprar</u>   <u>los boletos</u>
   ir + inf.   OD

<u>Se</u> <u>los</u> <u>voy a comprar</u> - Voy a <u>comprárselos</u>
OI OD   ir a + inf.   OI OD

También con ESTAR + gerundio, los pronombres de objeto directo e indirecto forman una sola palabra cuando el pronombre se coloca después.

Rita <u>me</u> <u>está diciendo</u> la verdad
    OI   verbo + gnd.   OD

Rita <u>me</u> <u>la</u>   está diciendo - Rita está dici<u>éndomela</u>
    OI OD   estar + gnd.   OI OD

Recuerda:

Las formas:	a mí	a usted	a ustedes
	a ti	a él	a ellos
	a nosotros	a ella	a ellas

– Aclaran o remarcan al pronombre de objeto indirecto, <u>pero no lo sustituyen</u>.

Siempre debemos escribir el pronombre de OI (me, te, le, nos, les).

Karine <u>les</u> escribe a sus parientes

<u>Nos</u> explican unos ejercicios

        o

<u>Nos</u> explican unos ejercicios a nosotros.

4. Haz los siguientes ejercicios.

a) Sustituye el objeto directo.

> Ejemplo: Luis me compra un boleto.
> *Luis me lo compra.*

1. Nos piden la credencial.

_____

2. Nos enseñan unas canciones.

_____

3. Me regalaron unas flores.

_____

4. Te dicen la verdad.

_____

5. Nos preparan la cena.

_____

6. Te abrieron la puerta.

_____

7. Nos explicaron el objeto indirecto.

_____

8. Me prestó su diccionario.

_____

b) Escribe el pronombre de objeto indirecto que complete los siguientes diálogos.

1. A.:   −¿Ya hablaste por teléfono?

   B.:   −Sí, ya _____ hablé a Raúl.

2. A.:   −¿A quién le pediste la información?

   B.:   − _____ la pedí a la empleada.

3. A.:   −¿A quién le escribiste?

   B.:   −_____ escribí a mi mejor amiga.

4. A.:   –¿A quién le tejiste ese suéter?

   B.:   – _____ lo tejí a Juan. A él _____ gustan mucho los suéteres.

c) Sustituye el objeto directo.

> Ejemplo: Le compró una manzana.
> *Se la compró.*

1. Le pidieron un gran favor.

_____

2. Nos dieron la explicación.

_____

3. Te entregaban las investigaciones.

_____

4. Les dieron dinero a ustedes.

_____

5. Me vendieron papel de china.

_____

6. Les preguntaron las razones a ellos.

_____

7. Te pidieron una explicación.

_____

8. Les dictaban los diálogos.

_____

9. Nos mostraron las salas del museo.

_____

d) Sustituye el objeto directo y el indirecto por pronombres.

> Ejemplo: Karine le pide explicaciones a Manuel.
> *Karine se las pide.*

1. El guía del museo les explica a los visitantes la exposición.

_____

2. La maestra les enseña las fotos a sus alumnos.

_____

3. Laura compra postales para sus parientes.

_____

4. Las familias mexicanas preparan comida para sus muertos.

_____

5. El profesor nos dicta unas palabras.

_____

e) Contesta las siguientes preguntas. Usa pronombres de OD y OI.

1. ¿Para quién hiciste el pastel?

_____

2. ¿A quién le diste el recado?

_____

3. ¿Puedes comprarme ese coche?

_____

4. ¿Te cambiaron el cheque?

_____

5. ¿Para quién escribiste esas cartas?

_____

6. ¿Quién te mandó las flores?

_____

7. ¿A quién le enviaste las fotos?

_____

f) Contesta lo que se te pide.

Ejemplo:	Te piden	Aceptas	Rechazas
	¿Me prestas tu coche?	*Claro, te lo presto.*	*No, disculpa, pero no te lo presto.*

1. ¿ _____ tu bicicleta?
   (regalar)   _____ _____

2. ¿ _____ tus zapatos rojos?
   (dar)   _____ _____

3. ¿ _____ esas fotos?
   (enseñar)   _____ _____

4. ¿ _____ un disco de música
   (conseguir) mexicana?   _____ _____

5. ¿ _____ diez mil pesos?
   (prestar)   _____ _____

g) Sustituye.

      Ejemplo: Karine me está explicando sus tradiciones.
                   Me las está explicando.
                   Está explicándomelas.

1. Les están cambiando los cheques.

_____

_____

2. Les están mostrando las nuevas avenidas.

_____

_____

3. Te están pidiendo permiso, ¿no?

_____

_____

4. Nos están enseñando español.

_____

_____

5. Manuel le está escribiendo una carta a su familia.

_____

_____

h) Cambia como en el ejemplo.

      Ejemplo: Le vamos a comprar una calavera de azúcar.
                   Se la vamos a comprar.
                   Vamos a comprársela.

1. Te voy a devolver tu libro.

_____

_____

2. Nos van a comprar esa casa.

_____

_____

3. Les vas a dictar el examen.

_____

_____

4. Nos van a preguntar los verbos.

_____

_____

5. Les voy a dar la última oportunidad.

_____

_____

6. Te voy a regalar un disco de rock.

_____

_____

7. María va a comprar juguetes para los niños.

_____

_____

i) **Contesta las preguntas. Sustituye con pronombre de objeto directo e indirecto.**

Ejemplo: ¿A quién le estás explicando la tarea?
Se la estoy explicando a mis amigos.
Estoy explicándosela a mis amigos.

1. ¿Te están enseñando español?

_____

_____

2. ¿A quién le están provocando tantos problemas?

_____

_____

3. ¿Quién les está explicando la ofrenda de muertos?

_____

_____

4. ¿Quién les está cantando "Las mañanitas"?

_____

_____

5. ¿Le están comprando la fruta?

_____

_____

Funciones comunicativas

– Pedir / dar información	¿Qué es el Anahuacalli? Mira, ese lugar perteneció al pintor y muralista Diego Rivera y ahora es un museo en el que cada año se exhibe una ofrenda de muertos.
– Expresar opinión	Pienso que la muerte no es algo frío e intocable, sino parte de la vida. Creo que se puede disfrutar.
– Expresar sorpresa	¡Qué barbaridad! Me sorprende que la gente trate a la muerte de esta forma.
– Contrastar	Dependiendo de la región geográfica, el día de muertos tiene sus propias características. Son diferentes en Michoacán y Oaxaca.

5. Juego de roles. Un compañero toma el papel de A y otro el de B. Hagan dos diálogos sobre lo que se pide.

Diálogo 1

A	B
–Saluda.	–Responde al saludo.
–Dice a dónde va.	–Expresa sorpresa y pide información.
–Da información sobre el lugar.	–Muestra interés.
–Invita.	–Rechaza y se disculpa.
–Propone otra fecha.	–Acepta.
–Se despide.	–Se despide.

Diálogo 2

A	B
–Da opinión del lugar que conoció.	–Da más información de lo que vieron.
–Muestra sorpresa e interés.	–Pide información para contrastar.
–Hace comentarios y contrasta su cultura con la cultura mexicana.	–Expresa admiración y hace comentarios sobre ese contraste.
–Pregunta sobre otro tipo de tradiciones.	–Da información sobre otras tradiciones mexicanas.
–Agradece la invitación y la visita al lugar.	–Responde al agradecimiento.

6. Escribe una carta a un amigo para contarle tus impresiones sobre México. Háblale de las diferencias entre las tradiciones mexicanas y las de tu país.

_____

_____

_____

_____

_____

_____

_____

_____

_____

_____

_____

7. Investiga información acerca de celebraciones importantes en México.

Toma en cuenta lo siguiente:

Fecha.

Motivo.

Descripción de la celebración.

Explica si conoces esa celebración.

Da tu opinión y contrasta con alguna celebración de tu país.

Las golondrinas

Contenido temático
Despedida •

Objetivo de comunicación
Revisión •

Contenido lingüístico
Revisión •

Vocabulario
Revisión

1. a) Escucha el diálogo y marca la opción correcta.

Diálogo 1

1. Sophie y Juan son
   - ( ) esposos.
   - ( ) amigos.
   - ( ) compañeros.

2. Sophie está contenta de ver a Juan porque quiere
   - ( ) invitarlo a cenar.
   - ( ) despedirse de él.
   - ( ) pedirle un favor.

3. Sophie
   - ( ) va a terminar en agosto su curso de español.
   - ( ) terminó su curso de español.
   - ( ) no pudo terminar su curso de español.

4. Sophie ya no puede quedarse más tiempo en México porque
   - ( ) está muy triste.
   - ( ) tiene que estar en su universidad pronto.
   - ( ) tiene que trabajar.

b) Ahora lee el diálogo y verifica tus respuestas.

Juan y Sophie se encuentran:

Sophie: —Hola, Juan. ¡Qué bueno que te veo!

Juan: —¿Cómo estás?, ¿qué hay de nuevo?

Sophie: —Quiero despedirme, dentro de muy poco tiempo me voy a regresar a mi patria.

Juan: —¿Cómo? ¡No es posible! ¿Cuándo te vas?

Sophie: —Me voy en dos semanas, pero mañana salgo para Yucatán. No conozco por allá, y quiero aprovechar mis últimos días en México.

Juan: —¿Entonces, ya terminaste tu curso de español?

Sophie: —Sí, ayer fue el examen final.

Juan: —¡Felicidades!, ¿y cómo te fue?

Sophie: —Fue un examen largo, pero me fue muy bien. Me van a mandar la calificación a mi país.

Juan: —¡Qué bueno que ya terminaste tus estudios!, pero qué lástima que ya te vayas.

Sophie: —Sí, yo también me siento triste, estuve muy contenta en México, pero ya no puedo quedarme más tiempo. Necesito presentarme en mi universidad el 3 de agosto.

c) Escucha el diálogo y marca la opción correcta.

Diálogo 2

1. El avión a Yucatán sale

( ) el 1o. de agosto.
( ) el 3 de agosto.
( ) al día siguiente.

2. Uno de los lugares que ella va a visitar en Yucatán es

( ) Guatemala.
( ) Uxmal.
( ) Cholula.

3. Sophie va con

( ) su novio.
( ) una amiga italiana.
( ) Marc.

4. Sophie verá a Juan

( ) Hasta la fiesta.
( ) A las siete para cenar.
( ) A su regreso de Yucatán.

d) Ahora lee el diálogo y verifica tus respuestas.

Juan: —Oye, a propósito, ¿cuándo sale tu avión?

Sophie: —A Yucatán mañana y a París, el 1o. de agosto.

Juan: —¡Qué rápido te vas!

Sophie: —Sí, también a mí se me fue el tiempo muy rápido.

Juan: —¿Y... qué lugares vas a conocer en Yucatán?

Sophie: —Tenemos el plan de volar a Mérida y, de ahí, visitar los alrededores: Uxmal y Chichen-Itzá y por ahí. Sólo tenemos el boleto del viaje redondo a la ciudad de Mérida.

Juan: —Y... ¿Por qué dices "tenemos"?, ¿quién va contigo?

Sophie: —Anna, ¿te acuerdas de ella? Es una italiana de mi clase.

Juan: —¡Ah, claro!, y... ¿no piensas ir a Palenque?

Sophie: —Yo sí quiero ir, pero está un poco lejos de ahí. ¡A ver si podemos!

Juan: —¡Ojalá! Oye, ¿te puedo hacer una fiesta de despedida?

Sophie: —Ay, no te molestes.

Juan: —No es molestia, y así te puedes despedir de todos en la fiesta.

Sophie: —Bueno, ¡qué amable!

Juan: —Oye, ¿qué planes tienes hoy en la noche? ¿Te puedo invitar a cenar y organizamos la fiesta?

Sophie: —De acuerdo, ¿a qué hora nos vemos?

Juan: —A las siete, ¿está bien?

Sophie: —Perfecto, te espero. Voy a hacer mi maleta ahorita.

Juan: —Nos vemos.

2. Completa los enunciados con la forma verbal correcta.

Sophie (ser) _____ estudiante. Ella (venir) _____ a México para estudiar

español. También (visitar) _____ este país para conocer a la familia Treviño. El

señor y la señora Treviño (ser) _____ los padres de Julieta. Ella y Sophie (cono-

cerse) _____ desde que las dos (estar) _____ en la misma universidad en

París.

Julieta (ser) _____ una muchacha joven, (ser) _____ estudiante, (vivir)

_____ en la casa de sus padres que (ser) _____ muy amables. Sophie (lle-

gar) _____ a casa de Julieta, ella ahora no (estar) _____ en su casa. Sus padres

(recibir) _____ a Sophie y (platicar) _____ con ella.

3. Escribe el artículo y completa el adjetivo de cada sustantivo.

Sophie, mientras espera que lleguen los invitados a su fiesta de despedida, ve el periódico y practica estas palabras:

1. _____   casa viej____   6. _____   señor católic____

2. _____   lámpara rot____   7. _____   ventana grand____

3. _____   llaves pequeñ____   8. _____   paredes suci____

4. _____   países industrializad____   9. _____   coches car____

5. _____   gato negr____   10. _____   verdad sospechos____

4. Escribe con letra las fechas de nacimiento de la familia Treviño.

1. Julieta: 24/04/69 _____

2. Su hermana mayor: 8/09/54_____

3. Su papá: 31/12/26 _____

4. Su abuela: 5/01/09 _____

5. Su sobrina: 12/06/92 _____

6. Su mamá: 6/02/32 _____

5. a) Lee el siguiente diálogo y escribe las preguntas.

Raúl, el amigo de Juan, conoce a Sophie en su fiesta de despedida.

Juan: −Raúl, ven. Mira, te presento a Sophie. Esta fiesta de despedida es para ella.

Sophie: −Mucho gusto.

Raúl: −Hola, encantado de conocerte. ¿_____?

Sophie: −Sophie Fraser. Y tú, ¿eres amigo de Juan?

Raúl: −_____ Oye, ¿de dónde eres?

Sophie: −Soy de Francia.

Raúl: −Sí ¿_____?

| Sophie: | –Vivo en la ciudad de París, ¿y tú de dónde eres? |
| Raúl: | –Yo soy mexicano, pero no de esta ciudad. Nací en el estado de Oaxaca |

Raúl: –Yo soy mexicano, pero no de esta ciudad. Nací en el estado de Oaxaca
¿_____?

Sophie: –No, no he ido, pero sí lo conozco en fotos y videos.

Raúl: –¿_____? Te invito. Mi familia tiene casa allá.

Sophie: –Gracias, pero ya no tengo tiempo.

Raúl: –Bueno, para la próxima. ¡Qué lástima que no te conocí antes!

b) Un alumno toma el papel de Sophie, el otro de Raúl; hagan diálogos similares, practicando las siguientes funciones comunicativas:

1. Identificarse (nombre)

2. Lugar de origen

3. Profesión u ocupación

4. Lugares de donde vienen o que conocen, etc.

6. Encontrar las diferencias de cada cuadro. Un alumno ve el cuadro A y otro alumno, el cuadro B. Tienen que hacerse preguntas para encontrar las cinco diferencias.

Ejemplo: A.: ¿Está Sophie junto a Raúl? B.: Sí.
A.: ¿Hay un florero sobre la mesa? B.: No, hay un regalo.

7. Juego de opuestos.

En la fiesta de despedida de Sophie los amigos que llegan hacen un juego: decir los opuestos. El que se tarde en decirlo, pierde.

Ejemplo: Raúl le dice a Katia: LARGO
Katia tiene que contestar: CORTO
Entonces Katia dice a otra persona: NOCHE
y la otra persona contesta: DÍA, etc.

1. Subir
2. Salir
3. Alto
4. Ir
5. Bonito
6. Nuevo
7. Triste
8. Grande

9. Frío
10. Rápido
11. Preguntas
12. Mojado
13. Blanco
14. Bueno
15. Interesante

8. Describe el pueblo o la ciudad donde vives o de donde eres. Utiliza verbos como: tener, ir, venir, ser, estar, etc.

_____

_____

_____

_____

_____

_____

_____

_____

_____

_____

_____

_____

9. ¡Adivinanzas!

A continuación, hay algunas adivinanzas.

Se divide la clase en dos equipos. El equipo 1 lee las adivinanzas de la 1 a la 8, y el equipo 2, de la 9 a la 16. El equipo que encuentre más respuestas gana.

1. Sin música bailo yo
   y tiemblo sin tener miedo,
   soy de muy rico sabor
   y de colores me veo.

2. De las aves soy ropaje
   y les pinto sus colores
   les protejo yo del frío
   y les brindo mis amores.

3. Pone a prueba tu talento
   con sencillas palabritas,
   y en breve chanza inocente
   de tu astucia es la medida.

4. Jito pasó por aquí
   mate le dio la razón
   al que no me lo adivine,
   se le parta el corazón.

5. Tengo leones, no soy África,
   camellos, no soy zoológico,
   y osos no soy El Ártico,
   ¿podré yo ser algo lógico?

6. Tiene hoja sin ser árbol,
   en un marco singular,
   va y viene, viene y va,
   y ahí nomás siempre está.

7. Estoy cubierto de dientes
   pero no soy dentadura,
   y cuando cocido estoy,
   invito a la mordedura.

8. Soy un animal dañino,
   piense usted mi nombre un rato
   y si le agrega una "ene",
   tendrá mi nombre ipsofacto.

9. Es tan alto como un pino,
   pesa menos que un comino,
   y al poco tiempo que nace
   de esa forma se deshace.

10. Redondo como la luna,
    blanco como la cal,
    me hacen con la leche pura
    y ya no te digo más.

11. Durante todo el invierno
    me tienen harto mimada,
    pero en verano
    me arrumba la persona acalorada.

12. Blanca por dentro
    verde por fuera
    si quieres saber
    espera, espera...

13. Se cae de una torre y
    no se mata,
    pero en el agua,
    se desbarata.

14. ¿Quién será la desvelada,
    si lo puedes discernir,
    de día y de noche acostada
    sin poder nunca dormir?

15. ¿Quién es que va caminando
    que no es dueño de sus pies,
    que lleva el cuerpo al revés
    y el espinazo arrastrando?

16. Trepo sin patas
    por las paredes
    y las tapizo
    de verdes redes.

1. La gelatina. 2. La pluma. 3. La adivinanza. 4. El jitomate. 5. El circo. 6. La puerta. 7. El elote. 8. El ratón. 9. El humo. 10. El queso. 11. La cobija. 12. La pera. 13. El papel. 14. La almohada. 15. El barco. 16. La enredadera.

10. Haz el siguiente ejercicio.

Guillermo llega a la fiesta, él es amigo de Juan. Está muy triste porque su compañera lo abandonó. Se dio cuenta de que se fue el mes pasado, cuando él llegó a su departamento.

a) Escribe en la línea el nombre de los siguientes objetos.

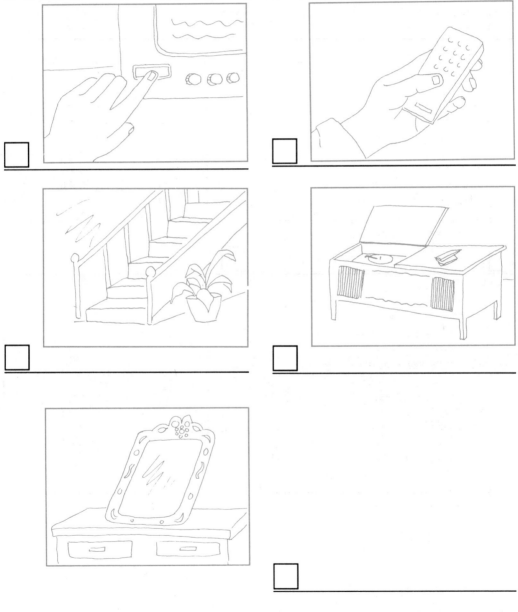

b) Lee los siguientes enunciados y relaciónalos con los dibujos anteriores.

Escribe el número del enunciado en el cuadro que corresponda.

1. Me serví café.

2. Me senté en el sillón.

3. Dejé mi saco y el periódico.

4. Descubrí una hoja de papel doblada en cuatro.

5. Encendí la tele.

6. Cambié de canal varias veces.

7. Llevé a la cocina un vaso...

8. ... que estaba en el corredor junto al teléfono.

9. Recogí unas cuantas hojas secas y las puse en la maceta de los helechos.

10. Me acerqué al ventanal y vi el movimiento de la ciudad.

11. Al fondo, el espejo me dejaba en el último extremo de una estancia deshabitada.

12. Alguien subió por la escalera y pasó de largo.

13. Entré a la recámara para cerrar el balcón porque había empezado a llover.

14. Miré el reloj, por costumbre.

c) **Ahora lee el siguiente texto y verifica tus respuestas.**

Retorno

Felipe Garrido

Regresé en la tarde, ese mismo día. Encendí la tele, dejé el saco y el periódico en la mecedora, recogí unas cuantas hojas secas y las puse, con un vago sentimiento de culpa, en la maceta de los helechos. Llevé a la cocina un vaso que estaba en el pasillo, al lado del teléfono. Entré a la recámara para cerrar el balcón porque había comenzado a llover. Miré el reloj, por costumbre. Me acerqué al ventanal y vi el movimiento de la ciudad. Me serví café. Me senté en el sofá. Cambié de canal varias veces. Dejé la taza en el piso, apoyé los codos en las rodillas y la cabeza en las manos. Al fondo, sobre el trinchador, el espejo me dejaba en el último extremo de una estancia deshabitada. Alguien subió por la escalera y pasó de largo. Después de un rato descubrí encima de la consola una hoja de papel doblada en cuatro. Supe que Sofía no iba a regresar. La carta, no la quise leer.

La musa y el garabato, FCE, 1992, pp. 180-181.

---

d) **Analiza los verbos que utiliza este autor para describir sus acciones. Haz dos listas: una para los verbos regulares y otra para los irregulares en pretérito.**

Verbos regulares		Verbos irregulares
_____	_____	_____
_____	_____	_____
_____	_____	_____
_____	_____	_____
_____	_____	_____
_____	_____	

e) Ahora reescribe el mismo cuento, pero en tercera persona.

Ejemplo: *El regresó en la tarde, ese mismo día. Encendió la tele, dejó...*

_____

_____

_____

_____

_____

_____

_____

_____

_____

_____

f) Escribe en pasado un cuento de aventuras.

_____

_____

_____

_____

_____

_____

_____

_____

_____

_____

_____

11. Juan le regaló a Sophie un libro de despedida, Sophie leyó la siguiente poesía. Ahora, léela tú.

Estudio

Carlos Pellicer

La <u>sandía</u> pintada de prisa

contaba siempre

los escandalosos amaneceres

de mi señora

la aurora.

Las <u>piñas</u> saludaban al mediodía.

Y la sed de grito amarillo

se endulzaba en doradas melodías.

Las <u>uvas</u> eran gotas enormes

de una tinta esencial,

y en la penumbra de los vinos bíblicos

crecía suavemente su tacto de cristal.

¡Estamos tan contentas de ser así!

dijeron las <u>peras</u> frías y cinceladas.

Las <u>manzanas</u> oyeron estrofas persas

cuando vieron llegar a las granadas.

Los que usamos ropa interior de seda,

dijo una soberbia <u>guanábana</u>.

Pareció de repente que los muebles crujían

Pero ¡si es más el ruido que las <u>nueces</u>!

dijeron los silenciosos <u>chicozapotes</u>

llenos de cosas de mujeres.

Salían

de sus eses redondas las <u>naranjas</u>.

Desde un cuchillo de obsidiana

reía el sol la escena de las frutas.

Y la ventana abierta hacía entrar las montañas

con los pequeños viajes de sus rutas.

a) **Subraya todos los verbos en copretérito.**

b) **Ahora escribe preguntas con las frutas, y contéstalas.**

Ejemplo: *La sandía*   *¿Qué contaba la sandía?*
                                Los escandalosos amaneceres.

1. _____   _____

    _____

2. _____   _____

    _____

3. _____   _____

    _____

4. _____   _____

    _____

5. _____   _____

    _____

6. _____   _____

    _____

7. _____   _____

_____

8. _____   _____

_____

12. Sophie escuchó en la fiesta la canción "El caballo blanco".

a) Escucha la canción y complétala con las preposiciones del cuadro.

POR	DE (DEL)	PARA (PA´)	ENTRE	HASTA	A (AL)	EN

"El caballo blanco"

José Alfredo Jiménez

Éste es el corrido _____ caballo blanco

que ____ un día domingo feliz arrancara,

iba _____ la mira _____ llegar ____ norte

habiendo salido _____ Guadalajara.

Su noble jinete le quitó la rienda,

le quitó la silla y se fue _____ puro pelo,

cruzó como rayo tierras nayaritas:

_____ cerros verdes y lo azul del cielo.

A paso más lento llegó _____ el Rosario,

y ____ Culiacán ya se andaba quedando.

Cuentan que _____ los Mochis ya se iba cayendo,

que llevaba todo el hocico sangrando.

Pero lo miraron pasar _____ Sonora,

y el Valle _____ Yaqui le dio su ternura,

dicen que cojeaba _____ la pata izquierda,

y _____ pesar _____ todo, siguió su aventura.

Llegó _____ Hermosillo, siguió _____ Caborca

y _____ Mexicali sintió que moría,

subió paso _____ paso _____ La Rumorosa

llegando _____ Tijuana _____ la luz _____ día.

Cumplida su hazaña se fue _____ Rosalito,

y no quiso echarse _____ ver Ensenada,

y éste es el corrido _____ caballo blanco

que salió un domingo _____ Guadalajara.

Vocabulario de la canción

Montar a "puro pelo"	montar a caballo sin silla de montar
"como rayo"	rapidísimo, a velocidad del rayo
"echarse"	cuando un caballo se acuesta

b) **Hay referencias de lo que sufre el caballo al hacer este esfuerzo. Subraya esas frases. Después verifica con tus compañeros las respuestas.**

c) **¿Qué partes del cuerpo del caballo se mencionan?**

_____

_____

_____

d) En el siguiente mapa, están marcados los lugares por donde pasa el caballo blanco. Escribe en la línea lo que se dice de cada lugar.

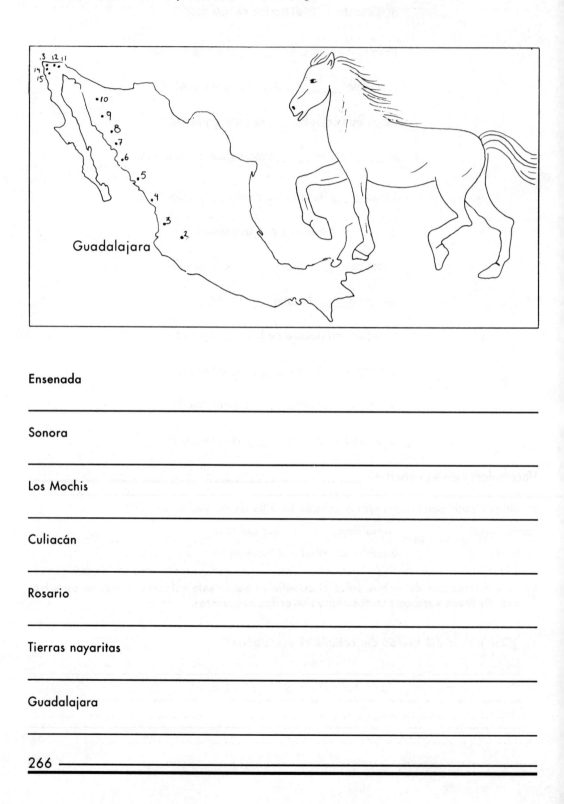

Guadalajara

Ensenada

_____

Sonora

_____

Los Mochis

_____

Culiacán

_____

Rosario

_____

Tierras nayaritas

_____

Guadalajara

_____

Norte

_____

Caborca

_____

Hermosillo

_____

El Valle del Yaqui

_____

Mexicali

_____

La Rumorosa

_____

Tijuana

_____

Rosalito

_____

e) Canta la canción, es de un cantante y compositor mexicano muy famoso.

f) ¿Sabes qué tipo de música es?

g) ¿Has oído otras canciones de este mismo autor o de este mismo estilo? ¿Cuáles?

h) Esta canción es un corrido. ¿Sabes cuáles son las características de un corrido?

i) Pregunta a tus amigos mexicanos acerca de los corridos en México.

j) Escribe la idea que más te guste de la canción.

_____

_____

_____

_____

13. Canción. "Las golondrinas".

Esta canción se canta en México como despedida. Juan y sus amigos se la cantan a Sophie al final de la fiesta.

Las golondrinas

¿A dónde irá veloz y fatigada
la golondrina, que de aquí se va?
¡Ay!, si en el cielo se viera extraviada
buscando abrigo y no lo encontrará.

Junto a mi pecho le pondré su nido,
en donde pueda la estación pasar,
también yo estoy en la región perdida
¡oh, cielo santo!, y sin poder volar.

¡Oh, cielo santo!, y sin poder volar.

(se repite tres veces).

Adiós, adiós, adiós.

Material complementario

1. Animales mexicanos

Rafael Martín del Campo

Llamamos animales mexicanos a los que habitan nuestro suelo desde tiempos muy remotos.

Sabemos de todos esos animales gracias a las pinturas, esculturas y códices de los antiguos mexicanos. Sus nombres tienen raíces en lenguas indígenas.

a) El colibrí

Los antiguos mexicanos llamaron Huitzilin (espina) al colibrí, porque su pico es agudo, punzante.

Los colibríes zumban cuando vuelan porque agitan las alas al igual que lo hacen las abejas y las libélulas.

Vuelan como helicópteros multicolores hacia adelante, hacia atrás o lateralmente, sin cambiar la posición de su cuerpo. En cámara lenta, pues se ha podido filmar su vuelo, se aprecia su vertiginoso movimiento de hasta 75 aletazos por segundo.

Se le llama también chupamirto, chuparrosa o chupaflor porque con el pico cerrado, a manera de popote, liba el néctar de las flores, sin necesidad de posarse.

Con su lengua, larga y delgada puede alcanzar a sus presas a una distancia hasta del doble de su pico. En la punta de la lengua tiene espinitas con las que ensarta a los insectos y arañitas que le sirven de alimento.

El colibrí habita solamente en el continente americano. De las 500 especies que existen, en México viven más de 50.

Los machos tienen brillantes colores metálicos en la frente, la garganta y el pecho. Las hembras construyen preciosos nidos en forma de copa con pelusa de algodón y telarañas. Depositan dos huevecitos, los incuban, y luego alimentan con insectos a sus polluelos.

En el antiguo México, antes de la invasión española, se creía que cuando los guerreros morían en combate sus almas se transformaban en colibríes y acompañaban al sol desde el amanecer hasta el mediodía.

• Huitzilopochtli, dios de la guerra, significa colibrí zurdo.

• Huitzilipochco, que significa lugar donde vive el dios de la guerra; es el antiguo nombre de Churubusco.

• Huitzilihuitl, significa pluma de colibrí, y es el nombre del segundo gobernante de México-Tenochtitlan.

En tiempos prehispánicos, las plumas de los colibríes, quetzales y otras aves preciosas, se usaban en lugar de pintura para hacer cuadros.

Las prendas de vestir de los nobles, a veces, llevaban plumas entretejidas en la tela.

Algunos colibríes son tan pequeños que pesan menos de 2 gramos. 500 colibríes juntos no llegan a pesar un kilo.

b) Lee la narración y contesta las siguientes preguntas.

1. Los animales mexicanos son aquellos
( ) que habitan nuestro territorio desde tiempos lejanos.
( ) que trajeron los españoles durante la conquista.

2. Los antiguos mexicanos llamaron al colibrí Huitzilin por
( ) su pico corto.
( ) su pico en forma de espina.

3. ¿Por qué zumban los colibríes?
( ) porque con su pico producen ese sonido.
( ) porque agitan sus alas.

4. ¿Qué otros nombres reciben?
( ) libélula, abeja o paloma.
( ) chupamirto, chupaflor, chuparrosa.

5. El colibrí habita en
( ) el Continente Americano.
( ) sólo en México.

6. Los antiguos mexicanos pensaban que
( ) el alma de los guerreros que morían en combate se transformaba en chupamirto.
( ) todas las almas se transformaban en chupamirtos.

7. ¿Qué significa Huitzilopochtli?
( ) dios del sol.
( ) colibrí zurdo.

c) ¿Cuál es el ave representativa de tu país? Habla sobre ella.

_____

_____

_____

_____

_____

d) A continuación, leerás un poema que habla del colibrí. Coméntalo en clase.

Colibrí

Gilda Rincón

Ave parda	Pues la luz	Ave leve,	Si pesara,
que en la tarde	en él se goza,	si se eleva,	gema hermosa,
se retarda	que le besa,	mieles lleva,	si aromara,
mientras arde	si le roza,	de las mieles	pomarrosa,
aún la luz,	picaflor,	de que abreva;	colibrí,
en el brezo	vive libre,	si se posa,	ave breve,
y en la fresa,	liba y vibra,	de la rosa	gema alada,
y en la brisa	brilla verde,	que se mece	nave leve,
que se irisa de	lila y vivo	de su peso	pincelada
su azul.	tornasol.	desaparece.	de turquí.

e) ¿Cuáles son las consonantes que más aparecen en el poema?

f) Haz una lista de palabras y comenta su significado.

_____

_____

_____

_____

2. Diego Rivera (1886-1957)

a) Escucha con atención su biografía y marca la opción correcta.

1. Diego Rivera, mexicano famoso, fue un ( ) escritor.
( ) muralista.
( ) filósofo.

2. Estudió en varios lugares y su ambición fue expresar ( ) la naturaleza muerta.
( ) pintura abstracta.
( ) ideales de la Revolución Mexicana.

3. Por sus murales fue considerado ( ) jefe de la escuela pictórica y líder político.
( ) un artesano.
( ) un hombre político.

4. Su obra más famosa se encuentra en ( ) el Palacio Nacional.
( ) Nueva York.
( ) La Escuela de Agricultura de Chapingo.

5. Rivera ha sido uno de los pintores que ( ) de la naturaleza.
encontró belleza en los ritmos y formas ( ) de los trabajadores.
( ) del cosmos.

b) Ahora lee la biografía de Diego Rivera y verifica tus respuestas.

Autorretrato

Muralista mexicano, natural de Guanajuato.

Después de estudiar en la Academia de Bellas Artes de la ciudad de México, pasó a España y luego a París. En éste y posteriores viajes, el arte de Pablo Cezanne lo movió a experimentar con el cubismo y otros novísimos estilos.

Siempre fue la ambición de Rivera expresar, en forma plástica, los sucesos, ideas y esperanzas de la Revolución Mexicana. Para hallar un medio adecuado a esta expresión, tuvo que experimentar en las técnicas del fresco, procedimiento que consiste en pintar sobre la argamasa mojada para que el color penetre, y al secarse aquélla se fije.

En 1920 fue a Italia a estudiar los frescos del Renacimiento que allí se conservan. Antes de embarcar tenía en su cartera centenares de bocetos para ejecutarlos a su regreso.

Los murales que pintó en México lo hicieron tan famoso que se convirtió, no sólo en jefe de la escuela pictórica, sino también en líder político. Sus actividades en este último orden lo han hecho centro de no pocas polémicas y peripecias, como por ejemplo, cuando se negó el Hotel del Prado de la ciudad de México a exhibir un gran fresco de Rivera en que aparecían las palabras "Dios no existe", que el artista, a su vez, se negaba a dejarlas borrar. Éste, por fin, cedió al regreso en 1956 de su viaje a Rusia por motivos de salud.

La obra de Rivera es muy amplia. Entre sus murales más famosos se cuentan los de la Escuela de Agricultura, de Chapingo; los del Palacio de Cortés, en Cuernavaca, y los del Palacio Nacional, en la capital mexicana, para no mencionar sino unos cuantos. En Estados Unidos de América, hay murales de este pintor mexicano en San Francisco, Detroit y Nueva York.

Rivera ha sido uno de los primeros pintores en encontrar belleza en los ritmos y formas de las máquinas y los trabajadores que las manejan.

3. La casa de campo.

Adivina el nombre de cada objeto numerado en el dibujo. Apúntalo en el crucigrama en el número que le corresponde, siguiendo la dirección indicada por la flecha.

4. Dioses aztecas

a) Lee la biografía de Alfonso Caso.

Alfonso Caso (1896-1970), erudito historiador y arqueólogo, logró conjuntar las facetas del estudioso y del funcionario público —fue secretario de Bienes Nacionales (1946-1948) y director del Instituto Nacional Indigenista (1949-1970). En su carácter de historiador, publicó unos 300 artículos y libros, la mayoría relacionados con el México antiguo (en forma especial, con la cultura mixteca) y con la interpretación de jeroglíficos y teogonías. Además, entre 1931 y 1943, descubrió 180 tumbas en la zona arqueológica de Monte Albán y, en la tumba 7, encontró un rico tesoro en joyas.

El pueblo del sol (1953), obra que Caso consideró de mera divulgación, se ha convertido con el tiempo en un libro necesarísimo para entender el mundo espiritual de los aztecas y su visión del universo.

Caso consideraba que una de las mayores dificultades para entender la mitología azteca es la pluralidad de atribuciones que se daba a un mismo dios. Esto se debe a que la religión azteca se encontraba en un proceso de síntesis, así que en la concepción de un solo dios se agrupaba una multitud de aspectos distintos.

El título del libro de Caso recuerda al que se daban los aztecas. Una de las representaciones del Sol es Huitzilopochtli, el dios tribal y guerrero, que el año *uno pedernal* indujo a los aztecas a abandonar la mítica Aztlán y emprender la larga peregrinación que concluyó con la fundación de la ciudad de México-Tenochtitlan. Sólo Huitzilopochtli, debido al orgullo azteca, hace un recorrido inverso al de los demás dioses: de divinidad secundaria llega a colocarse entre los dioses creadores toltecas y teotihuacanos. El libro de Caso resulta indispensable para orientarse en este laberinto.

b) Marca con una (V) si el enunciado es verdadero o con una (F) si es falso.

1. Alfonso Caso fue un gran intelectual y un político famoso. F V

2. *El pueblo del sol* fue escrito como obra de consulta para
   otros intelectuales. F V

3. Según Caso, es muy difícil entender la mitología azteca
   porque cada dios tenía muchas características. F V

4. La religión azteca era muy compleja, debido a que estaba
   muy bien organizada. F V

5. Huitzilopochtli es diferente de otros dioses aztecas porque
   no era un dios importante al inicio. F V

c) **Lee con atención.**

Dioses aztecas*

Según la leyenda, Coatlicue, la vieja diosa de la Tierra, era sacerdotisa en el templo y vivía una vida de retiro y castidad.

La última vez que el hombre fue creado, según uno de los mitos, Quetzalcóatl, el Prometeo mexicano, el dios benéfico para todos, bajó al mundo de los muertos para recoger los huesos de las generaciones pasadas y, regándolos con su propia sangre, creo la nueva humanidad.

En efecto, es Huitzilopochtli el que en un año llamado *uno pedernal*, que es precisamente el nombre del año de su nacimiento, induce a los conductores de la tribu azteca a salir de su mítica patria, Aztlán, situada en medio de un lago, y a emprender la larga peregrinación hasta establecerse en otra isla.

El dios del fuego representa indudablemente una de las más viejas concepciones del hombre mesoamericano; es el dios del centro en relación con los puntos cardinales, así como el tlecuil o brasero para encender el fuego es el centro de la casa y del templo indígena.

El Sol, llamado Tonatiuh, es invocado con los nombres de "el resplandeciente, el niño precioso, el águila que asciende". Se representa generalmente por el disco del astro, decorado a la manera azteca, y es muy conocido porque forma parte esencial del célebre monumento llamado "Calendario azteca", que es simplemente la representación del Sol, muy elaborada.

Huitzilopochtli es el Sol, el joven guerrero que nace todas las mañanas del vientre de la vieja diosa de la Tierra, y muere todas las tardes, para alumbrar con su luz apagada el mundo de los muertos.

Como el agua, el aire y la tierra, el fuego tiene también su dios especial. Su nombre indica la gran antigüedad de su culto, pues los aztecas lo llamaban Huehuetéotl, que quiere decir "el dios viejo", y como anciano se le representa en todas las ocasiones.

Pero también como dios del año, Xiuhtecuhtli tiene una gran importancia, y en una de las festividades de mayor relieve —la que se celebraba cada ocho años y en la que hacen ciclo los periodos de 584 días del planeta Venus y los años del Sol—, tenía lugar una gran ceremonia en honor de Xiuhtecuhtli y el primer mes del año, "Izcalli", estaba dedicado al culto de este dios.

Para un pueblo esencialmente agrícola como era el azteca, tenía una importancia fundamental el régimen de lluvias y los otros fenómenos atmosféricos que influían en sus cosechas. Así, no es de extrañar que el culto a los dioses del agua y de la vegetación absorbiera una gran parte de su vida religiosa.

Tláloc, "el que hace brotar", dios de las lluvias y del rayo, es la deidad más importante de este conjunto y probablemente una de las más antiguas que adoraron los hombres en México y Centroamérica.

Dos son los dioses que alternativamente han creado las diversas humanidades que han existido: Quetzalcóatl, el dios benéfico, el héroe descubridor de la agricultura y de la industria, y el negro Tezcatlipoca, el dios todopoderoso, multiforme y ubicuo, el dios nocturno, patrono de los hechiceros y de los malvados. Los dos dioses combaten y su lucha es la historia del universo, sus triunfos alternativos son otras tantas creaciones.

* Estracto de *El pueblo del sol* de Alfonso Caso.

d) Llena los espacios con la información que se te pide.

Dioses aztecas	Atributos
Quetzalcóatl	
	– la vieja diosa de la Tierra – madre de Huitzilopochtli
	– el Sol – Induce a líderes aztecas a salir de Aztlán
Huehuetéotl	
Tezcatlipoca	
Tonatiuh	
	– el dios del fuego – dios del centro
	– el que hace brotar, dios de la lluvia y del rayo

e) Lee el siguiente el fragmento de la historia de Huitzilopochtli.

El hombre, colaborador de los dioses

La idea de que el hombre es un colaborador indispensable de los dioses, ya que éstos no pueden subsistir si no son alimentados, se encuentra claramente expresada en el sangriento culto de Huitzilopochtli, que es una manifestación del dios solar.

Huitzilopochtli es el Sol, el joven guerrero que nace todas las mañanas del vientre de la vieja diosa de la Tierra, y muere todas las tardes, para alumbrar con su luz apagada el mundo de los muertos.

Según la leyenda, Coatlicue, la vieja diosa de la Tierra, era sacerdotisa en el templo y vivía una vida de retiro y castidad, después de haber engendrado a la Luna y a las estrellas, pero un día, al estar barriendo, encontró una bola de plumón, que guardó sobre su vientre. Cuando terminó sus quehaceres, buscó la bola de plumón, pero había desaparecido, y en el acto se sintió embarazada. Cuando la Luna, llamada Coyolxauhqui, y las estrellas, llamadas Centzonhuitznáhuac, supieron la noticia, se enfurecieron hasta el punto de decidir matar a su madre.

Lloraba Coatlicue por su próximo fin, pues ya la Luna y las estrellas se armaban para matarla, pero el prodigio que estaba en su seno le hablaba y consolaba diciéndole que, en el preciso momento, él la defendería contra todos.

Cuando los enemigos llegaron a sacrificar a la madre, nació Huitzilopochtli y, con la serpiente de fuego, cortó la cabeza a la Coyolxauhqui y puso en fuga a las Centzonhuitznáhuac.

f) Ordena los episodios, según el texto anterior.

_____ Las hijas deciden matar a la madre.

_____ Recoge una bola de plumón.

_____ Huitzilopochtli mata a sus hermanas.

_____ El hijo de Coatlicue le dice que la va a defender.

_____ Coatlicue queda embarazada.

_____ La diosa de la Tierra barre en el templo.

g) Lee el texto.

Al nacer el dios, tiene que entablar combate con sus hermanas, las estrellas y la Luna. Armado de la serpiente de fuego (el rayo solar), todos los días las pone en fuga y su triunfo significa un nuevo día de vida para los hombres. Al consumar su victoria, es llevado en andas hasta la mitad del cielo por las almas de los guerreros, que han muerto en la guerra o en la piedra de los sacrificios, y cuando empieza la tarde, es recogido por las almas de las mujeres muertas en parto, que se equiparan a los guerreros porque fallecieron al tomar prisionero a un hombre, el recién nacido. Durante la tarde, las almas de las madres conducen al Sol hasta el ocaso, en donde mueren los astros y donde el Sol, que se compara con el águila, cae y muere y es recogido otra vez por la Tierra. Todos los días se entabla este divino combate, pero, para que triunfe el Sol, es menester que sea fuerte y vigoroso, pues tiene que luchar contra las innumerables estrellas del norte y del sur, y ahuyentarlas con la flecha de luz. Por eso, el hombre debe alimentar al Sol; como dios que es, desdeña los alimentos groseros de los hombres y sólo puede ser mantenido con la vida misma, con la sustancia mágica que se encuentra en la sangre del hombre, el chalchiuatl, el "líquido precioso", el terrible néctar de que se alimentan los dioses.

h) Completa el cuadro.

¿Cuáles son los pasos que da Huitzilopochtli en su recorrido diario?

1.	mañana
2. Es llevado por las almas de los guerreros	
3.	inicio de la tarde
4.	ocaso

i) ¿Cómo debe alimentarse el Sol?

_____

_____

_____

_____

j) **Lee el siguiente texto.**

El azteca, el pueblo elegido por el Sol, es el encargado de proporcionar el alimento a Huitzilopochtli; por eso, la guerra es una forma de culto y una actividad necesaria, que lleva al pueblo azteca a establecer la Xochiyaoyotl o Guerra Florida que, a diferencia de sus otras guerras de conquista, no tenía por objeto apoderarse de nuevos territorios ni imponer tributo a los pueblos conquistados, sino procurarse prisioneros para sacrificarlos al Sol. El hombre azteca es su servidor y debe ser, en consecuencia, antes que nada, un guerrero y prepararse desde su nacimiento para lo que será su actividad más constante, la guerra sagrada, especie de torneo al que concurrían especialmente los enemigos "de la casa".

k) **Subraya en el texto qué implica para los aztecas ser el pueblo elegido del Sol.**

5. Los volcanes.

a) **Lee esta leyenda y haz un pequeño resumen.**

Los volcanes que se encuentran al este de la ciudad de México se llaman Popocatépetl e Ixtaccíhuatl.

Historia de Popocatépetl e Ixtaccíhuatl
(leyenda azteca)

El gran emperador de los aztecas era omnipotente; todas las tribus del valle de México y de los territorios vecinos le pagaban tributos, pero no todos los pueblos sometidos eran felices. Estaban cansados de entregar hombres y riquezas a sus opresores.

El cacique de Tlaxcala decidió un día que había llegado el momento de liberar a su pueblo de la dominación azteca y empezó una guerra terrible entre aztecas y tlaxcaltecas.

La princesa Ixtaccíhuatl, de juvenil belleza, era hija del cacique de Tlaxcala. Popocatépetl, uno de los principales guerreros de su pueblo, le profesaba amor callado.

Antes de salir a la guerra, Popocatépetl pidió, al padre de Ixtaccíhuatl, la mano de su hija si triunfaba, y el cacique tlaxcalteca se la prometió.

Popocatépetl venció en todos los combates y, a su regreso triunfal a Tlaxcala, el cacique salió a su encuentro y le dijo que la muerte le había arrebatado a Ixtaccíhuatl.

Popocatépetl, ofuscado, tomó en sus brazos a Ixtaccíhuatl y empezó a subir montañas y montañas, cargando el cuerpo amado.

Al llegar cerca del cielo, la tendió en la cumbre y se arrodilló junto a ella. La nieve cubrió sus cuerpos, formando los gigantescos volcanes que presiden el valle de México.

Ixtaccíhuatl   Popocatépetl

6. La Llorona

a) Habla con tus amigos mexicanos y pregúntales sobre la leyenda de la Llorona. ¿Qué dicen?, ¿has oído hablar de ella?

b) Anota aquí alguna versión.

_____

_____

_____

_____

_____

_____

_____

_____

_____

_____

c) Lee el texto de Luis González Obregón.

Consumada la Conquista y poco más o menos a mediados del siglo XVI, los vecinos de la ciudad de México, que se recogían en sus casas a la hora de la queda, tocada por las campanas de la primera Catedral, a medianoche y principalmente cuando había luna, despertaban espantados al oír en la calle, tristes y prolongadísimos gemidos, lanzados por una mujer a quien afligía, sin duda, honda pena moral o tremendo dolor físico.

Las primeras noches los vecinos contentábanse con persignarse o santiguarse, que aquellos lúgubres gemidos eran según ellos de ánima del otro mundo; pero fueron tantos y repetidos y se prolongaban por tanto tiempo, que algunos osados y despreocupados quisieron cerciorarse con sus propios ojos qué era aquello; y primero desde las puertas entornadas de las ventanas o balcones, y en seguida atreviéndose a salir por las calles, lograron ver a la que, en el silencio de las oscuras noches o en aquellas en que la luz pálida y transparente de la luna caía como un manto vaporoso sobre las altas torres, los techos y tejados y las calles, lanzaba agudos y tristísimos gemidos.

Vestía la mujer traje blanquísimo, y blanco y espeso velo cubría su rostro. Con lentos y callados pasos recorría muchas calles de la ciudad dormida, cada noche distinta, aunque sin faltar una sola, a la Plaza Mayor, donde vuelto el velado rostro hacia el oriente, hincada de rodillas, daba el último angustioso y languidísimo lamento, puesta en pie, continuaba con el paso lento y pausado hacia el mismo rumbo, al llegar a orillas del salobre lago, que en ese tiempo penetraba dentro de algunos barrios, como una sombra se desvanecía.

La hora avanzada de la noche, el silencio y la soledad de las calles y plazas, el traje, el aire, el pausado andar de aquella mujer misteriosa y, sobre todo, lo penetrante, agudo y prolongado de su gemido que daba siempre cayendo en tierra de rodillas, formaba un conjunto que aterrorizaba a cuantos la veían y oían, y no pocos de los conquistadores valerosos y esforzados, que habían sido espanto de la misma muerte, quedaban en presencia de aquella mujer, mudos, pálidos y fríos como de mármol. Los más animosos apenas se atrevían a seguirla a larga distancia, aprovechando la claridad de la luna, sin lograr otra cosa que verla desaparecer ya llegando al lago, como si se sumergiera entre las aguas, y no pudiéndose averiguar más de ella, e ignorándose quién era... de dónde venía y a dónde iba, se le dio el nombre de "La Llorona".

d) Completa la siguiente información que te ayudará a resumir los puntos importantes.

1. Siglo en que se inicia la leyenda: _____

2. Hora en que se oía a la Llorona: _____

3. ¿Cuál es la vestimenta de la mujer que lloraba?: _____

4. ¿A dónde se dirigía?: _____

5. ¿En dónde desaparecía?: _____

Apéndice de pronunciación

1. Correspondencia entre sonidos y letras.

a) Estudia la correspondencia entre los sonidos y las vocales.

Vocales

letra	sonido	ejemplos
a	/a/	casa, estar
e	/e/	elefante, edificio
i	/i/	Italia, idea
o	/o/	ojo, ropa, alumno
u	/u/	Yucatán, fuente

b) Estudia la correspondencia entre los sonidos y las consonantes.

Consonantes

letra	sonido	ejemplos
b	/b/	blanco, bien, árbol
c+a	/ka/	cama, acá
c+o	/ko/	ocote, como
c+u	/ku/	cuando, acueducto
c+e	/se/	cena, hacer, establecer
c+i	/si/	ciencia, ciudad
d	/d/	dedo, Daniel
f	/f/	café, fuente
g+a	/ga/	gato
g+o	/go/	amigo
g+u	/gu/	gusto
g+ue	/ge/	guerrero
g+ui	/gi/	guitarra, Guillermo

letra	sonido	ejemplos
g+üe	/gue/	güera, Camagüey
g+üi	/gui/	pingüino, paragüitas
g+e	/je/	genio, generalmente
g+i	/ji/	girasol, gitano
h	/ /	hoy, ahora
h+ie	/ye/	hielo, hiena, hierbabuena
h+ue	/gue/	huevo, hueco, ahuehuete
h+ua	/gua/	Anahuacalli, Anáhuac, huarache
i	/i/	jitomate, alojamiento
k	/k/	kilo, kiosco, karate
l	/l/	literatura, latín, alto
ll	/y/	pollo, llave, allá
m	/m/	Madrid, mamá, médico
n	/n/	nariz, Nicaragua, anillo
ñ	/ñ/	niño, piñata, uña
p	/p/	papel, papá, español
q+ue	/ke/	que, queso
q+ui	/ki/	quiero, química
r	/r/	libro, traer, aro
r principio de palabra	/r/	rosa, risa, rojo, ruta, Roberto
r después de: l, n, s	/r/	Enrique, alrededor, Israel
rr entre vocales	/r/	carro, fierro, herramienta

letra	sonido	ejemplos
s	/s/	seiscientos, soy, sótano
t	/t/	tierra, también, alto, tú
v	/b/	vino, vienes, vive, vuelo, voz
w	/gu/	whisky, Wilfrido, Wenceslao
x	/ks/	examen, taxi, exacto
x	/j/	Xalapa, México
x	/s/	Xochimilco
x	/sh/	Xola, mixiote
y	/y/	ya, maya, ayudar, ayer
y final de palabra o como conjunción	/i/	muy, y, rey, hay
z	/s/	zapato, azote, cazar, coz

Apéndice de verbos

Verbos regulares

Modelo de conjugación de los verbos regulares en presente, pretérito, copretérito y futuro de indicativo, y de presente de subjuntivo.

Verbo	Presente	Pretérito	Copretérito	Futuro	Presente de Subjuntivo
estudiar	estudio	estudié	estudiaba	estudiaré	estudie
Gerundio:	estudias	estudiaste	estudiabas	estudiarás	estudies
estudiando	estudia	estudió	estudiaba	estudiará	estudie
Participio:	estudiamos	estudiamos	estudiábamos	estudiaremos	estudiemos
estudiado	estudian	estudiaron	estudiaban	estudiarán	estudien
comer:	como	comí	comía	comeré	coma
Gerundio:	comes	comiste	comías	comerás	comas
comiendo	come	comió	comía	comerá	comas
Participio:	comemos	comimos	comíamos	comeremos	comamos
comido	comen	comieron	comían	comerán	coman
vivir	vivo	viví	vivía	viviré	viva
Gerundio:	vives	viviste	vivía	vivirás	vivas
viviendo	vive	vivió	vivía	vivirá	viva
Participio:	vivimos	vivimos	vivíamos	viviremos	vivamos
vivido	viven	vivieron	vivían	vivirán	vivan

Los verbos que se usan con pronombre reflexivo también pueden ser regulares o irregulares, y llevan un pronombre reflexivo en todas las personas.

Pronombre personal	Pronombre reflexivo.	Ejemplo
yo	me	me lavo
tú	te	te lavas
él, ella, usted.	se	se lava
nosotros, nosotras	nos	nos lavamos
ellos, ellas, ustedes	se	se lavan

Verbos irregulares

Verbo	Presente	Pretérito	Copretérito	Futuro	Presente de subjuntivo
acordar (se)*	me acuerdo	me acordé	me acordaba	me acordaré	me acuerde
(se conjuga	te acuerdas	te acordaste	te acordabas	te acordarás	te acuerdes
como **contar**)	se acuerda	se acordó	se acordaba	se acordará	se acuerde
	nos	nos	nos	nos	nos
acordando	acordamos	acordamos	acordábamos	acordaremos	acordemos
acordado	se acuerdan	se acordaron	se acordaban	se acordarán	se acuerden
acostar (se)*	acuesto	acosté	acostaba	acostaré	acueste
(se conjuga	acuestas	acostaste	acostabas	acostarás	acuestes
como **contar**)	acuesta	acostó	acostaba	acostará	acueste
acostando	acostamos	acostamos	acostábamos	acostaremos	acostemos
acostado	acuestan	acostaron	acostaban	acostarán	acuesten

*Se indica que el verbo puede usarse con pronombres reflexivos (Ejemplo: me acuesto siempre tarde) o como verbo transitivo (ejemplo: acuesto a mis hijos después del baño).

verbo	Presente	Pretérito	Copretérito	Futuro	Presente de subjuntivo
agradecer	agradezco	agradecí	agradecía	agradeceré	agradezca
	agradeces	agradeciste	agradecías	agradecerás	agradezcas
	agradece	agradeció	agradecía	agradecerá	agradezca
agradeciendo	agradecemos	agradecimos	agradecíamos	agradeceremos	agradezcamos
agradecido	agradecen	agradecieron	agradecían	agradecerán	agradezcan
caer (se)	caigo	caí	caía	caeré	caiga
	caes	caíste	caías	caerás	caigas
cayendo	cae	cayó	caía	caerá	caiga
caído	caemos	caímos	caíamos	caeremos	caigamos
	caen	cayeron	caían	caerán	caigan
cerrar	cierro	cerré	cerraba	cerraré	cierre
	cierras	cerraste	cerrabas	cerrarás	cierres
	cierra	cerró	cerraba	cerrará	cierre
cerrando	cerramos	cerramos	cerrábamos	cerraremos	cerremos
cerrado	cierran	cerraron	cerraban	cerrarán	cierren
comenzar	comienzo	comencé	comenzaba	comenzaré	comience
	comienzas	comenzaste	comenzabas	comenzarás	comiences
comenzando	comienza	comenzó	comenzaba	comenzará	comience
comenzado	comenzamos	comenzamos	comenzábamos	comenzaremos	comencemos
	comienzan	comenzaron	comenzaban	comenzarán	comiencen
conocer	conozco	conocí	conocía	conoceré	conozca
	conoces	conociste	conocías	conocerás	conozcas
conociendo	conoce	conoció	conocía	conocerá	conozca
conocido	conocemos	conocimos	conocíamos	conoceremos	conozcamos
	conocen	conocieron	conocían	conocerán	conozcan
contar	cuento	conté	contaba	contaré	cuente
	cuentas	contaste	contabas	contarás	cuentes
contando	cuenta	contó	contaba	contará	cuente
contado	contamos	contamos	contábamos	contaremos	contemos
	cuentan	contaron	contaban	contarán	cuenten
crecer (se conjuga como **parecer**)	crezco	crecí	crecía	creceré	crezca
	creces	creciste	crecías	crecerás	crezcas
	crece	creció	crecía	crecerá	crezca
creciendo	crecemos	crecimos	crecíamos	creceremos	crezcamos
crecido	crecen	crecieron	crecían	crecerán	crezcan
dar	doy	di	daba	daré	dé
	das	diste	dabas	darás	des
dando	da	dio	daba	dará	dé
dado	damos	dimos	dábamos	daremos	demos
	dan	dieron	daban	darán	den

verbo	Presente	Pretérito	Copretérito	Futuro	Presente de subjuntivo
decir	digo	dije	decía	diré	diga
	dices	dijiste	decías	dirás	digas
diciendo	dice	dijo	decía	dirá	diga
dicho	decimos	dijimos	decíamos	diremos	digamos
	dicen	dijeron	decían	dirán	digan
despedir (se)					
(se conjuga	despido	despedí	despedía	despediré	despida
como **pedir**)	despides	despediste	despedías	despedirás	despidas
	despide	despidió	despedía	despedirá	despida
despidiendo	despedimos	despedimos	despedíamos	despediremos	despidamos
despedido	despiden	despidieron	despedían	despedirán	despidan
despertar (se)					
(se conjuga	despierto	desperté	despertaba	despertaré	despierte
como	despiertas	despertaste	despertabas	despertarás	despiertes
cerrar)	despierta	despertó	despertaba	despertará	despierte
despertando	despertamos	despertamos	despertábamos	despertaremos	despertemos
despertado	despiertan	despertaron	despertaban	despertarán	despierten
detener (se)					
(se conjuga	detengo	detuve	detenía	detendré	detenga
como **tener**)	detienes	detuviste	detenías	detendrás	detengas
	detiene	detuvo	detenía	detendrá	detenga
deteniendo	detenemos	detuvimos	deteníamos	detendremos	detengamos
detenido	detienen	detuvieron	detenían	detendrán	detengan
devolver					
(se conjuga	devuelvo	devolví	devolvía	devolveré	devuelva
como **volver**)	devuelves	devolviste	devolvías	devolverás	devuelvas
	devuelve	devolvió	devolvía	devolverá	devuelva
devolviendo	devolvemos	devolvimos	devolvíamos	devolveremos	devolvamos
devuelto	devuelven	devolvieron	devolvían	devolverán	devuelvan
divertir (se)	divierto	divertí	divertía	divertiré	divierta
	diviertes	divertiste	divertías	divertirás	diviertas
divirtiendo	divierte	divirtió	divertía	divertirá	divierta
divertido	divertimos	divertimos	divertíamos	divertiremos	divirtamos
	divierten	divirtieron	divertían	divertirán	diviertan
doler					
(se conjuga	duelo	dolí	dolía	doleré	duela
como **volver**)	dueles	doliste	dolías	dolerás	duelas
	duele	dolió	dolía	dolerá	duela
doliendo	dolemos	dolimos	dolíamos	doleremos	dolamos
dolido	duelen	dolieron	dolían	dolerán	duelan
dormir (se)	duermo	dormí	dormía	dormiré	duerma
	duermes	dormiste	dormías	dormirás	duermas
durmiendo	duerme	durmió	dormía	dormirá	duerma
dormido	dormimos	dormimos	dormíamos	dormiremos	durmamos
	duermen	durmieron	dormían	dormirán	duerman

verbo	Presente	Pretérito	Copretérito	Futuro	Presente de subjuntivo
empezar (se conjuga como **comenzar**) empezando empezado	empiezo empiezas empieza empezamos empiezan	empecé empezaste empezó empezamos empezaron	empezaba empezabas empezaba empezábamos empezaban	empezaré empezarás empezará empezaremos empezarán	empiece empieces empiece empecemos empiecen
encerrar (se conjuga como **cerrar**) encerrando encerrado	encierro encierras encierra encerramos encierran	encerré encerraste encerró encerramos encerraron	encerraba encerrabas encerraba encerrábamos encerraban	encerraré encerrarás encerrará encerraremos encerrarán	encierre encierres encierre encerremos encierren
entender entendiendo entendido	entiendo entiendes entiende entendemos entienden	entendí entendiste entendió entendimos entendieron	entendía entendías entendía entendíamos entendían	entenderé entenderás entenderá entenderemos entenderan	entienda entiendas entienda entendamos entiendan
estar estando estado	estoy estás está estamos están	estuve estuviste estuvo estuvimos estuvieron	estaba estabas estaba estábamos estaban	estaré estarás estará estaremos estarán	esté estés esté estemos estén
encontrar (se conjuga como **contar**) encontrando encontrado	encuentro encuentras encuentra encontramos encuentran	encontré encontraste encontró encontramos encontraron	encontraba encontrabas encontraba encontrábamos encontraban	encontraré encontrarás encontrará encontraremos encontrarán	encuentre encuentres encuentre encontremos encuentren
escoger escogiendo escogido	escojo escoges escoge escogemos escogen	escogí escogiste escogió escogimos escogieron	escogía escogías escogía escogíamos escogían	escogeré escogerás escogerá escogeremos escogerán	escoja escojas escoja escojamos escojan
hacer (se) haciendo hecho	hago haces hace hacemos hacen	hice hiciste hizo hicimos hicieron	hacía hacías hacía hacíamos hacían	haré harás hará haremos harán	haga hagas haga hagamos hagan
ir (se) yendo ido	voy vas va vamos van	fui fuiste fue fuimos fueron	iba ibas iba íbamos iban	iré irás irá iremos irán	vaya vayas vaya vayamos vayan

verbo	Presente	Pretérito	Copretérito	Futuro	Presente de subjuntivo
jugar	juego	jugué	jugaba	jugaré	juegue
	juegas	jugaste	jugabas	jugarás	juegue
jugando	juega	jugó	jugaba	jugará	juegue
jugado	jugamos	jugamos	jugábamos	jugararemos	juguemos
	juegan	jugaron	jugaban	jugarán	jueguen
leer	leo	leí	leía	leeré	lea
	lees	leíste	leías	leerás	leas
leyendo	lee	leyó	leía	leerá	lea
leído	leemos	leímos	leíamos	leeremos	leamos
	leen	leyeron	leían	leerán	lean
llegar	llego	llegué	llegaba	llegaré	llegue
	llegas	llegaste	llegabas	llegarás	llegues
llegando	llega	llegó	llegaba	llegará	llegue
llegado	llegamos	llegamos	llegábamos	llegaremos	lleguemos
	llegan	llegaron	llegaban	llegarán	lleguen
medir (se conjuga como **pedir**)	mido	medí	medía	mediré	mida
	mides	mediste	medías	medirás	midas
	mide	midió	medía	medirá	mida
midiendo	medimos	medimos	medíamos	mediremos	midamos
medido	miden	midieron	medían	medirán	midan
morir (se) (se conjuga como **dormir**)	muero	morí	moría	moriré	muera
	mueres	moriste	morías	morirás	mueras
	muere	murió	moría	morirá	muera
muriendo	morimos	morimos	moríamos	moriremos	muramos
muerto	mueren	murieron	morían	morirán	mueran
mover (se)	muevo	moví	movía	moveré	mueva
	mueves	moviste	movías	moverás	muevas
moviendo	mueve	movió	movía	moverá	mueva
movido	movemos	movimos	movíamos	moveremos	movamos
	mueven	movieron	movían	moverán	muevan
nacer	nazco	nací	nacía	naceré	nazco
	naces	naciste	nacías	nacerás	nazcas
naciendo	nace	nació	nacía	nacerá	nazca
nacido	nacemos	nacimos	nacíamos	naceremos	nazcamos
	nacen	nacieron	nacían	nacerán	nazcan
oír	oigo	oí	oía	oiré	oiga
	oyes	oíste	oías	oirás	oigas
oyendo	oye	oyó	oía	oirá	oiga
oído	oímos	oímos	oíamos	oiremos	oigamos
	oyen	oyeron	oían	oirán	oigan

verbo	Presente	Pretérito	Copretérito	Futuro	Presente de subjuntivo
pagar	pago	pagué	pagaba	pagaré	pague
	pagas	pagaste	pagabas	pagarás	pagues
pagando	paga	pagó	pagaba	pagará	pague
pagado	pagamos	pagamos	pagábamos	pagaremos	paguemos
	pagan	pagaron	pagaban	pagarán	paguen
parecer (se)					
(se conjuga	parezco	parecí	parecía	pareceré	parezca
como	pareces	pareciste	parecías	parecerás	parezcas
conocer)	parece	pareció	parecía	parecerá	parezca
pareciendo	parecemos	parecimos	parecíamos	parecemos	parezcamos
parecido	parecen	parecieron	parecían	parecerán	parezcan
pedir	pido	pedí	pedía	pediré	pida
	pides	pediste	pedías	pedirás	pidas
	pide	pidió	pedía	pedirá	pida
pedido	pedimos	pedimos	pedíamos	pediremos	pidamos
	piden	pidieron	pedían	pedirán	pidan
pensar	pienso	pensé	pensaba	pensaré	piense
	piensas	pensaste	pensabas	pensarás	pienses
pensando	pienso	pensó	pensaba	pensará	piense
pensado	pensamos	pensamos	pensábamos	pensaremos	pensemos
	piensan	pensaron	pensaban	pensarán	piensen
perder					
(se conjuga	pierdo	perdí	perdía	perderé	pierda
como	pierdes	perdiste	perdías	perderás	pierdus
entender)	pierde	perdió	perdía	perderá	pierda
perdiendo	perdemos	perdimos	perdíamos	perderemos	perdamos
perdido	pierden	perdieron	perdían	perderán	pierdan
poder	puedo	pude	podía	podré	pueda
	puedes	pudiste	podías	podrás	puedas
pudiendo	puede	pudo	podía	podrá	pueda
podido	podemos	pudimos	podíamos	podremos	podamos
	pueden	pudieron	podían	podrán	puedan
poner	pongo	puse	ponía	pondré	ponga
	pones	pusiste	ponías	pondrás	pongas
poniendo	pone	puso	ponía	pondrá	ponga
puesto	ponemos	pusimos	poníamos	pondremos	pongamos
	ponen	pusieron	ponían	pondrán	pongan
preferir	prefiero	preferí	prefería	preferiré	prefiera
	prefieres	preferiste	preferías	preferirás	prefieras
prefiriendo	prefiere	prefirió	prefería	preferirá	prefiera
preferido	preferimos	preferimos	preferíamos	preferiremos	prefiramos
	prefieren	prefirieron	preferían	preferirán	prefieran

verbo	Presente	Pretérito	Copretérito	Futuro	Presente de subjuntivo
probar (se conjuga como **contar**) probando probado	pruebo pruebas prueba probamos prueban	probé probaste probó probamos probaron	probaba probabas probaba probábamos probaban	probaré probararás probará probaremos probarán	pruebe pruebes pruebe probemos prueben
querer queriendo querido	quiero quieres quiere queremos quieren	quise quisiste quiso quisimos quisieron	quería querías quería queríamos querían	querré querrás querrá querremos querrán	quiera quieras quiera queramos quieran
recordar (se conjuga como **contar**) recordando recordado	recuerdo recuerdas recuerda recordamos recuerdan	recordé recordaste recordó recordamos recordaron	recordaba recordabas recordaba recordábamos recordaban	recordaré recordarás recordará recordaremos recordarán	recuerde recuerdes recuerde recordemos recuerden
reir (se) riendo reído	me río te ríes se ríe nos reímos se ríen	me reí te reíste se rió nos reímos se rieron	me reía te reías se reía nos reíamos se reían	me reiré te reirás se reirá nos reiremos se reirán	me ría te rías se ría nos ríamos se rían
repetir (se conjuga como **pedir**) repitiendo repetido	repito repites repite repetimos repiten	repetí repetiste repitió repetimos repitieron	repetía repetías repetía repetíamos repetían	repetiré repetirás repetirá repetiremos repetirán	repita repitas repita repitamos repitan
saber sabiendo sabido	sé sabes sabe sabemos saben	supe supiste supo supimos supieron	sabía sabías sabía sabíamos sabían	sabré sabrás sabrá sabremos sabrán	sepa sepas sepa sepamos sepan
salir saliendo salido	salgo sales sale salimos salen	salí saliste salió salimos salieron	salía salías salía salíamos salían	saldré saldrás saldrá saldremos saldrán	salga salgas salga salgamos salgan
sentar (se) sentando sentado	me siento te sientas se sienta nos sentamos se sientan	me senté te sentaste se sentó nos sentamos se sentaron	me sentaba te sentabas se sentaba nos sentábamos se sentaban	me sentaré te sentarás se sentará nos sentaremos se sentarán	me siente te sientes se siente nos sentemos se sienten

verbo	Presente	Pretérito	Copretérito	Futuro	Presente de subjuntivo
sentir (se)	siento	sentí	sentía	sentiré	sienta
	sientes	sentiste	sentías	sentirás	sientas
sintiendo	siente	sintió	sentía	sentirá	sienta
sentido	sentimos	sentimos	sentíamos	sentiremos	sintamos
	sienten	sintieron	sentían	sentirán	sientan
ser	soy	fui	era	seré	sea
	eres	fuiste	eras	serás	seas
siendo	es	fue	era	será	sea
sido	somos	fuimos	éramos	seremos	seamos
	son	fueron	eran	serán	sean
servir	sirvo	serví	servía	serviré	sirva
	sirves	serviste	servías	servirás	sirvas
sirviendo	sirve	sirvió	servía	servirá	sirva
servido	servimos	servimos	servíamos	serviremos	sirvamos
	sirven	sirvieron	servían	servirán	sirvan
tener	tengo	tuve	tenía	tendré	tenga
	tienes	tuviste	tenías	tendrás	tengas
teniendo	tiene	tuvo	tenía	tendrá	tenga
tenido	tenemos	tuvimos	teníamos	tendremos	tengamos
	tienen	tuvieron	tenían	tendrán	tengan
traer	traigo	traje	traía	traeré	traiga
	traes	trajiste	traías	traerás	traigas
trayendo	trae	trajo	traía	traerá	traiga
traído	traemos	trajimos	traíamos	traeremos	traigamos
	traen	trajeron	traían	traerán	traigan
ver	veo	vi	veía	veré	vea
	ves	viste	veías	verás	veas
viendo	ve	vio	veía	verá	vea
visto	vemos	vimos	veíamos	veremos	veamos
	ven	vieron	veían	verán	vean
volver	vuelvo	volví	volvía	volveré	vuelva
	vuelves	volviste	volvías	volverás	vuelvas
volviendo	vuelve	volvió	volvía	volverá	vuelva
vuelto	volvemos	volvimos	volvíamos	volveremos	volvamos
	vuelven	volvieron	volvían	volverán	vuelvan

Agradecimientos

Las autoras de *Pido la palabra (1er. nivel)* deseamos mencionar las publicaciones utilizadas, parcialmente y con fines didácticos, en este libro: textos de Ermilo Abreu Gómez, Raquel Aguilar, Carlos Alvear Acevedo, Alfonso Caso, Gonzalo Celorio, Ricardo Garibay, Felipe Garrido, Luis González Obregón, Miguel Hernández, Juan Ramón Jiménez, Antonio Machado, Rafael Martín del Campo, Augusto Monterroso, Octavio Paz, Carlos Pellicer; periódicos: *El Universal, Segunda Mano*; revistas: *Tiempo Libre, Colibrí; Enciclopedia Quillet*; Ilustaciones de Elena Climent, Patricia Juárez y Bárbara Gaxiola Alcántar; dibujos de las caricaturas de Quino y Sempé.

Pido la palabra, 1er Nivel

editado por el Centro de Enseñanza para
Extranjeros, se terminó de imprimir, en el
mes de septiembre de 2004. La edición fue rea-
lizada por Formas e Imágenes, S.A. de C.V.
El tiraje consta de 2000 ejemplares.